www.tredition.de

AF217641

Joachim-Friedrich Kapp

1918 - 1920

Die Umsturzzeiten in der frühen Weimarer Republik

www.tredition.de

© 2019 Joachim-Friedrich Kapp

Verlag und Druck: tredition GmbH, Halenreie 40-44,
22359 Hamburg

ISBN
Paperback: 978-3-7497-7861-4
Hardcover: 978-3-7497-7862-1
e-Book: 978-3-7497-7863-8

Cover-Abbildung: Mit freundlicher Genehmigung vom
Bundesarchiv-Bildarchiv
Bild 183-H28541   13. März 1920

Joachim-Friedrich Kapp

1918 - 1920

Die Umsturzzeiten in der frühen Weimarer Republik

Inhalt

Vorgeschichte

Gegen Ende des Jahres 1916 war Reichskanzler Theobald von Bethmann Hollweg von der Fortschrittlichen Volkspartei zu der Überzeugung gekommen, dass der Krieg nicht zu gewinnen sei und forderte, ohne die Heeresleitung einbezogen zu haben, die Alliierten auf, zu Friedensverhandlungen zusammenzukommen. Auch Präsident Woodrow Wilson regte zur gleichen Zeit an, über „Friedensbedingungen und Forderungen" nachzudenken. Frankreich und England lehnten ab. Jede Seite, auch das deutsche Militär, erhoffte sich zu jener Zeit noch Vorteile aus ihren jeweiligen Vorhaben. Ludendorff sprach von „dem herrlichen Geist", der die Armee beseele, zumal „die letzten schönen Waffenerfolge zu den besten Hoffnungen" berechtigten. (Aschmann)

Der Vatikan hatte schon im Jahr 1915 versucht, Italien von einem Kriegseintritt abzubringen, 1916 bemühte er sich darum, den deutschen U-Boot-Krieg zu verhindern, so wie er später Anstrengungen unternahm, die USA davon zu überzeugen, als Reaktion darauf nicht selbst Kriegspartei zu werden.

Im August 1917, Amerika war bereits in den Krieg eingetreten, unternahm Papst Benedikt XV. nach sorgfältigen Vorbesprechungen mit den beteiligten Nationen einen erneuten großen Versuch: „Soll denn die zivilisierte Welt nurmehr ein Leichenfeld sein? Soll Europa, so ruhmreich und so blühend, wie von einem allgemeinen Wahnsinn fortgerissen, in den Abgrund rennen und die Hand gegen sich selbst wenden zum Selbstmord?" Mit seiner Friedensinitiative, die sehr konkrete Vorstellungen für eine Friedenslösung enthielt, versuchte der Papst, die Völker von dem „unnützen Gemetzel" abzubringen. In den USA wurden die Forderungen des Papstes wohlwollend aufgenommen, Belgien zurückzugeben und Deutschland zu demokratisieren, fanden auch das Wohlwollen Englands und wurden selbst von Bethmann Hollweg und anderen Regierungsmitgliedern in Deutschland grundsätzlich begrüßt. Am 19. Juli 1917 legten Matthias Erzberger, Friedrich Ebert und Philipp Scheidemann dem Reichstag eine Friedensresolution vor, in der – unterstützt durch die Liberalen, die Sozialdemokraten und die katholische Zentrumspartei - ein „Verständigungsfriede ohne Annexionen" gefordert wurde. Die daraufhin am 2. September gegründete rechtsextreme „Deutsche Vaterlandspartei", gemeinsam mit der Obersten Heeresleitung, waren die schärfsten Gegner dieser Bemühungen, für sie war der Gedanke an einen Verständigungsfrieden nichts anderes als Vaterlandsverrat. Sie setzten sich für einen Siegfrieden und ein großes Eroberungs- und Annexionsprogramm ein. Bethmann Hollweg war bereits am 13. Juli gestürzt worden, den einen ging er mit seinen Friedensbemühungen nicht entschlossen genug voran, andere warfen ihm vor, die Ziele der Heeresleitung nicht energisch genug zu unterstützen. Sein Nachfolger, Georg Michaelis, der dreieinhalb Monate im Amt war, und Georg Friedrich Karl Graf Hertling (Zentrumspartei), der diesem folgte, nahmen Abstand von den mühsam erarbeiteten und über einen längeren Zeitraum verhandelten Formulierungen und dem Vatikan gemachten Zusagen. Die Friedensinitiative des

Papstes war gescheitert, nicht nur an der deutschen Ablehnung, denn auch alle anderen Länder hatten ihre Gründe, warum sie dem Papst den Vorrang nicht einräumen wollten. Allein die USA waren auf der Seite des Vatikans, ihnen war er nur nicht weit genug gegangen, denn sie beharrten darauf, dass Deutschland sich wesentlich stärker demokratisieren und vor allem von der Kaisermonarchie trennen müsse. (Aschmann)

Woodrow Wilson unternahm im Januar 1918 einen erneuten Vorstoß und legte seinen 14-Punkte-Plan für eine Friedensordnung vor: Belgien war wiederherzustellen, Elsass-Lothringen an Frankreich abzutreten, ein souveräner polnischer Staat mit Zugang zum Meer sollte errichtet, das dortige russische Gebiet geräumt werden, großen und kleinen Nationen gleichermaßen sei ihre politische Unabhängigkeit und die Unverletzlichkeit ihrer Gebiete zu gewährleisten. Erich Ludendorff, der inzwischen der starke Mann in der Obersten Heeresleitung geworden war, setzte nach dem Abschluss der Friedensverhandlungen in Brest-Litowsk, die als Folge der Oktoberrevolution in Russland möglich geworden waren, seine ganze Hoffnung auf die Frühjahrsoffensive an der Westfront. Dort zog er große Teile seiner Truppen zusammen. Nach dem „schwarzen Tag" von Amiens am 8. August des Jahres jedoch wusste auch Ludendorff, dass der Krieg verloren war und forderte im September die Regierung ultimativ auf, den sofortigen Waffenstillstand herbeizuführen.

Die oben genannte Gegnerschaft zwischen rechten und linken Positionen während des Krieges setzte sich fort und wurde von extremen Kräften auf beiden Seiten nach dem Ende der Monarchie in Deutschland mit dem Ziel einer Um- und Neu-ordnung der Gesellschaft ausgeweitet. Die extremen Linken wollten jetzt die Räterepublik etablieren, die extremen Rechten zurück zur Gesellschaftsordnung der Bismarckzeit.

Ziele der extrem-linken Bewegung:

Räterepublik, Streiks und Aufstände in Deutschland

Sozialistische Positionen haben sehr alte Wurzeln, bis hinein in manche Bibelstellen, in denen gemeinschaftliches Eigentum beschworen wird, kommen auch bei Thomas von Aquin vor (Summe der Theologie: nach dem Naturgesetz existiert keine Besitzverteilung) und berufen sich in der Neuzeit entweder auf den Kommunismus, der die Diktatur des Proletariats verwirklichen und Privateigentum abschaffen will, oder auf den Sozialismus, der in diesem Konzept jedoch keine generell erfolgversprechende Strategie sieht. In der frühen Weimarer Republik lehnte sein sozialdemokratischer Flügel die Idee des Gemeineigentums sogar strikt ab und setzte auf die Freiheit des Menschen in einer parlamentarischen Demokratie, den „demokratischen Imperativ". (Lemke, S.11) Die Sozialdemokraten beriefen sich auf die großen Ereignisse in der Vergangenheit, mit denen sich Volk und Parlament in England, Amerika und Frankreich umfassende Rechte gegenüber der Monarchie erkämpft hatten, und auf denen sie aufbauen wollten: die Revolutionen von 1642 (Civil War gegen den Absolutismus) und 1688 (Glorious Revolution, Bill of Rights) in England, 1776 (Declaration of Independence) und 1787 (die Verfassung) in Amerika, 1789 (Revolution) und 1791 (die Verfassung) in Frankreich. Die Rechte des Volkes sollten sich auch in Deutschland in einem starken Parlament und einer neuen Verfassung ausdrücken, der Wille des Volkes Gehör finden.

Schon vor 1914 war es zu Demonstrationen und Streiks gekommen, von Sozialdemokraten organisiert, die auch in den Folgejahren immer wieder aufflammten. Diese Aufstände richteten sich zunächst gegen die Beteiligung an dem drohenden Krieg, später waren sie Ausdruck von Kriegsmüdigkeit und mündeten seit 1918 auch in Sympathiekundgebungen für die russische Oktoberrevolution, verbunden mit eigenen Vorstellungen, die deutsche Gesellschaft radikal zu verändern, ernüchtert nur dadurch, dass die russische bolschewistische Revolution inzwischen in einen blutigen Bürgerkrieg übergegangen war.

Der Vorstand der sozialdemokratischen Partei veröffentlichte am 25. Juli 1914 einen Aufruf gegen den Krieg, aus dem hier zitiert wird (Müller S. 26): „(...) Das klassenbewusste Proletariat Deutschlands erhebt im Namen der Menschlichkeit und der Kultur flammenden Protest gegen dieses verbrecherische Treiben der Kriegshetzer. Es fordert gebieterisch von der deutschen Regierung, dass sie ihren Einfluss auf die österreichische Regierung zur Aufrechterhaltung des Friedens ausübe, und falls der schändliche Krieg nicht zu vermeiden sein sollte, sich jeder kriegerischen Einmischung enthalte. Kein Tropfen Blut eines deutschen Soldaten darf dem Machtkitzel der österreichischen Gewalthaber, den imperialistischen Profitinteressen geopfert werden. Parteigenossen, wir fordern Euch auf, sofort in Massenversammlungen den unerschütterlichen Friedenswillen des klassenbewussten Proletariats zum Ausdruck zu bringen. Eine ernste Stunde ist gekommen, ernster als irgendeine der letzten Jahrzehnte. Gefahr ist im Verzug! Der Weltkrieg droht! Die herrschenden Klassen, die Euch im Frieden knebeln, verachten, ausnutzen, wollen Euch als Kanonenfutter missbrauchen. Überall muss den Gewalthabern in den Ohren klingen: Wir wollen keinen Krieg! Nieder mit dem Krieg! Hoch die internationale Völkerverbrüderung."

Dennoch billigte die Partei am 14. August 1914 gegen wenige Stimmen die ersten und am 2. Dezember gegen Karl Liebknechts Position die zweiten Kriegskredite. Sie stimmte sogar einer Steuererhöhung zugunsten des Militärs zu. (Hoffrogge, S.179) Dies war der Ausgangspunkt für die später erfolgende Spaltung der Sozialdemokratie in ein rechtes (MSPD, Mehrheitssozialdemokraten), linkes (USPD, Unabhängige Sozialdemokraten) und linksextremes Lager (Spartakus). „In aller Deutlichkeit hatte Rosa Luxemburg erkannt, dass die rechten Führer der Partei mit der Bewilligung der Kriegskredite am 14. August 1914 die deutsche Sozialdemokratie als stärkste Kraft aus dem Kampf gegen den imperialistischen Krieg politisch ausgeschaltet hatten. Und sie erkannte auch, dass es kein Zurück zur alten Sozialdemokratie mehr gab." (Radczun, S. 103)

Zweifel an einem Erfolg und baldigem Kriegsende brachten einzelne Politiker, wie Philipp Scheidemann, dazu, sich schon Ende 1914 für Friedensverhandlungen einzusetzen. „Ich persönlich hatte allerdings schon Ende 1914 die Gewissheit, dass alle Hoffnungen auf ein baldiges Kriegsende trügerisch seien. Ich begann deshalb, vorläufig ganz und gar auf eigene Faust, eine Versammlungstour durch viele Großstädte mit dem Programm >Für einen Frieden der Verständigung!< So entstand schon in den ersten Monaten des Krieges das Schlagwort vom >Scheidemann-Frieden<, der von allen rechts von uns Stehenden in der entschiedensten Weise abgelehnt und als Verzicht- und Schandfrieden beschimpft worden ist." (Scheidemann, S. 21)

Karl Liebknecht organisierte 1915 einige kleine Demonstrationen gegen den Krieg, für den Frieden, zu deren Fortführung auch der 1916 von ihm und Rosa Luxemburg gegründete Spartakusbund beitrug. Nachdem Liebknecht verhaftet und zu einer Gefängnisstrafe verurteilt worden war, kam es im Juni 1916 zu dem *ersten* Massenstreik, vorwiegend auf Berlin beschränkt. Nach schlechten Ernten im Jahr 1916 und der daraus folgenden mangelnden Lebensmittelversorgung wurde im April 1917 erneut gestreikt.

Dieser *zweite* große Streik, der von Leipzig ausging, war u. a. mit folgenden wesentlichen politischen Forderungen verbunden: Ausreichende Versorgung der Bevölkerung mit billigen Lebensmitteln und Kohlen und eine Erklärung der Regierung zur sofortigen Friedensbereitschaft unter Verzicht auf jede offene und versteckte Annexion. Es wurde wieder gegen den Krieg aufbegehrt, denn der Reichstag hatte am 1. Februar den uneingeschränkten U-Bootkrieg beschlossen. Neben weiteren Forderungen wurde auch zu einer Amnestie der politisch Verfolgten und einem „allgemeinen, gleichen, geheimen und direkten Wahlrecht zur Wahl für alle Körperschaften im Reich, in den Bundesstaaten und in den Gemeinden" aufgerufen. (Müller S. 84) Wie der erste, so blieb auch der zweite Streik wirkungslos.

Tatsächlich war die Versorgungslage in der Bevölkerung über die Zeit immer schlechter geworden, worüber Scheidemann aus eigenem Erleben berichtet: „Im ganzen Lande wütete der Hunger. Ich hatte mit meiner Familie ein wahres Elendsdasein zu führen, da ich unbedingt an dem Grundsatz festhielt, keine Lebensmittel ohne Marken zu beschaffen. Es ist ein Beweis für dreijährige Hungerleiderei, dass ich im Februar 1917 in mein Tagebuch schreiben musste: >Seit langer Zeit habe ich mich als Gast der wohlhabenden Familie P. gestern Abend zum ersten Mal wieder sattessen können.<" (Scheidemann, S. 22)

In der Folge der Februarrevolution 1917 in Russland (Ende der Zarenherrschaft) kam es dort zu großen Umwälzungen, mit denen zumindest die extreme Linke in Deutschland weitgehende Hoffnungen verband. Im Oktober 1917 wurde die russische Regierung gestürzt. Die große Oktober-Revolution schien den Weg und die Mittel zu den erforderlichen gesellschaftlichen Veränderungen und auch zum Frieden zu weisen. „Als am 8. November 1917 die deutsche Presse den Sturz der Kerenski-Regierung, den Sieg der Bolschewiki und die siegreiche Revolution der Arbeiter, Soldaten und Bauern meldete, da gab es in dem Kreise der oppositionellen Arbeiterschaft keinen Zweifel mehr über das, was in Deutschland möglich und nötig sei. Die deutsche Presse berichtete ausführlich über die russische Revolution und wie der Sturz der Regierung durch die Soldaten vor sich ging, auch über die Bildung der >Roten Garde< und des revolutionären >Miliz-Komitees<. Gewiss lagen die Verhältnisse in Russland anders als in Deutschland, aber was der russische Bauer fertigbrachte, musste dem sozialistisch geschulten und organisierten deutschen Industriearbeiter erst recht möglich sein. So war wenigstens die Grundstimmung vieler Arbeiter in den Betrieben. Die bolschewistische Regierung verstand es ausgezeichnet, der durch die russische Revolution in Deutschland geschaffenen Stimmung die nötige Nahrung zu geben." (Müller, S. 96)

Im Juli 1918 wurden Zar Nikolaus II. und seine Familie ermordet.

Auch wenn in den bürgerlichen Kreisen in Deutschland nach der russischen Revolution im Oktober 1917 große Sorge herrschte, diese könnte auch auf Deutschland übergreifen, nennt Winkler (1984, S. 22) mehrere Gründe, warum diese Sorge unberechtigt und ein Boden für eine bolschewistische Revolution in Deutschland nicht bereitet war: Das seit 1871 im Deutschen Reich gültige allgemeine und gleiche Wahlrecht war von der Sozialdemokratie genutzt worden, um die Industriearbeiterschaft für sich zu gewinnen. Die Sozialistengesetze wurden nach 1890 nicht verlängert, was den Sozialdemokraten und Gewerkschaften einen kräftigen Schub gab. Die deutschen Bauern waren eine eher konservative Kraft und vor allem war Deutschland zu Beginn des 20. Jahrhunderts in Teilen bereits ein modernes, hochindustrialisiertes Land mit einem entsprechend gut ausgebildeten Bürgertum. „Die russische Arbeiterbewegung war, um das Gesagte zusammenzufassen, ein Ausdruck sowohl der wirtschaftlichen und gesellschaftlichen als auch der politischen Rückständigkeit Russlands; die deutsche Arbeiterbewegung spiegelte demgegenüber die verhältnismäßig fortgeschrittene Stellung Deutschlands, in wirtschaftlicher und sozialer wie in politischer Hinsicht, wider." (Winkler)

Auch Heinrich Ströbel (S.64/65) nennt die wesentlichen strukturellen Gegebenheiten, die eine Revolution nach russischem Vorbild in Deutschland unmöglich machten: „Die Rätediktatur und die sofortige Vollsozialisierung waren in Deutschland völlig ausgeschlossen, und es war eine verhängnisvolle Verkennung der ökonomischen und politischen Möglichkeiten, dass die äußerste proletarische

Linke sich einbildete, das russische Vorbild ohne weiteres in Deutschland nachahmen zu können. (...) Das Agrarland Russland, in dem nur ein Zehntel des Volkes von der Industrie lebte, vermochte auch eine zeitweilige Lähmung und Zerrüttung seiner industriellen Produktion zu ertragen, ohne dass es zur Katastrophe kam. Die beschäftigungslosen Arbeiter fanden auf dem platten Lande oder aber in der Roten Armee Unterschlupf. In Deutschland aber lebten zwei Drittel des Volkes von der Industrie und dem Handel – und wovon hätten sie existieren, wo hätten diese mehr als 40 Millionen bleiben sollen, wenn eine übereilte planlose Sozialisierung der Produktion die ganze industrielle Maschinerie ins Stocken gebracht hätte?"

Im Januar 1918 kam es zu dem *dritten* großen Streik in Deutschland, zu dem revolutionäre Obleute der USPD und des Spartakusbunds aufgerufen hatten, nicht unterstützt von der SPD und den Gewerkschaften. Es wurden bessere Lebensbedingung, ein Ende des Krieges und eine Demokratisierung der Verfassung gefordert. Die in München von den Streikenden einstimmig angenommene Resolution lautete: „Die streikenden Arbeiter Münchens, vornehmlich der Kruppwerke, entbieten ihre brüderlichen Grüße den belgischen, französischen, englischen, italienischen, russischen, amerikanischen Arbeitern. Wir fühlen uns eins mit Euch in dem Entschluss, dem Weltkrieg sofort ein Ende zu bereiten. Wir wollen uns nicht morden. Wir werden unsere Regierungen, die Verantwortlichen des Weltkrieges, zur Rechenschaft ziehen. Wir wollen gemeinsam den Weltfrieden erzwingen, der im Aufbau einer neuen Welt allen Menschen Freiheit und Glück sichert.

Proletarier aller Länder, vereinigt Euch!" (Müller, S. 111)
Der Streik, der sich über das ganze Land erstreckt hatte,
wurde im Februar abgebrochen.

Jetzt aber spitzte sich die Lage zu: Obwohl die Niederlage
Deutschlands feststand, erließ die Seekriegsleitung Ende
Oktober 1918 mit Wissen des Kaisers, aber nicht des Kanz-
lers (Winkler 1984, S. 27) den Befehl, erneut zu einer
Schlacht gegen die Royal Navy auszulaufen. Dies war jedoch nicht mehr durchsetzbar. Ströbel zeigt, wie ein „ge-
opfertes Volk nun selbst Opfer verlangte" (S. 47): „Die vier
Jahre Krieg hatten unter den Arbeitern und Soldaten eine
Unsumme von Groll und Verbitterung angehäuft. Noch
einmal hatten der Erfolg gegen Russland und die Frühjahrsoffensive diesen Groll durch Siegesillusionen zurück-
gedrängt. Als nun aber im Spätsommer der furchtbare Zusammenbruch an der Westfront kam, wuchs die Empö-
rung ins Riesengroße. Jedermann fühlte, wie das Volk be-
logen und betrogen worden war und dass es nur eine Rettung gab: den Sturz der alten Mächte, die das ungeheure
Elend über das Volk gebracht hatten. Die Hiobsnachricht
der Obersten Heeresleitung, dass die militärische Lage
hoffnungslos geworden sei und dass nur noch im schleu-
nigen Waffenstillstand die Rettung liege, hatte das alte
System in den Grundfesten erschüttert."

Die Revolution begann in Kiel. Sehr schnell breitete sich
der dort am 28. Oktober 1918 begonnene Matrosenauf-
stand als eine Rebellion über ganz Deutschland aus und

führte nun wirklich zu gewaltigen gesellschaftlichen Veränderungen. Das Ziel war der sofortige Waffenstillstand und die Abdankung aller Monarchen, die – so war die Meinung - den Friedensschluss noch nicht wollten. „Nachrichten, ähnlich denen aus Kiel, jagten nun einander: aus Lübeck, Schwerin, Flensburg, Cuxhaven, Brunsbüttel, Hamburg. Die Forderungen der Matrosen begannen mit dieser: erstens sofortiger Rücktritt des Kaisers! Aus allen anderen der genannten Orte liefen die gleichen Forderungen ein: Fort mit dem Kaiser, Amnestie, Waffenstillstand, Frieden, Wahlrecht!" (Scheidemann, S. 191) Überall wurden Soldatenräte und in den Fabriken Arbeiterräte gebildet. Die Heeresleitung musste eingestehen, dass das Heer nicht bereit war, sich gegen die Revolution in der Heimat zu stellen und sie niederzuschlagen. Am 9. November 1918 gab Prinz Max von Baden, der seit Anfang Oktober Kanzler war, den Rücktritt des Kaisers bekannt, der erst daraufhin abdankte; der Kronprinz erklärte sich zum Thronverzicht bereit, alle Fürsten in Deutschland traten ab, Prinz Max übergab die Regierungsgeschäfte an Friedrich Ebert, trat selber zurück; Philipp Scheidemann rief von einem Balkon des Reichstagsgebäudes die „Deutsche Republik" aus, zwei Stunden später - von einem Balkon des Berliner Schlosses, er hatte am Nachmittag auf dem Schloss die rote Fahne aufziehen lassen - Karl Liebknecht die „Freie Sozialistische Republik Deutschland". Für Liebknecht sollte dies ein Schritt auf dem Weg zur Weltrevolution sein.

Scheidemann hatte ein anderes Ziel, wie Winkler (1984, S.49) ausführt: „Scheidemann war gewiss nicht geneigt, die Gefahr der Anarchie gering zu schätzen. Aber er sah am 9. November deutlicher als Ebert, dass die Frage „Monarchie und Republik" für die Anhänger der Sozialdemokratie in den letzten zwei Wochen aufgehört hatte, nur eine Frage der Staatsform zu sein. Durch die Weigerung des Kaisers, dem Thron zu entsagen, war nicht nur die Dynastie der Hohenzollern, sondern die Idee der Monarchie schlechthin in weiten Kreisen des deutschen Volkes um jeden Kredit gebracht worden. Die Monarchie stand jetzt für Krieg und Militarismus, für Hunger und politische Unterdrückung. Republik: Das bedeutete Friede, wirtschaftlichen Wiederaufbau und politische Freiheit." Als Philipp Scheidemann, wie er schreibt (S. 173): „von einem Arbeiter- und Soldatentrupp aus dem Speisesaal des Reichstages herausgeholt und gezwungen wurde, vor den versammelten Massen zu reden", sprach er, wie von selbst, „sozusagen aus dem Handgelenk", das erlösende Wort aus, auf das die Massen warteten. „Das deutsche Volk hat auf der ganzen Linie gesiegt. Das alte Morsche ist zusammengebrochen, der Militarismus ist erledigt! Die Hohenzollern haben abgedankt! Es lebe die deutsche Republik." Mit der Ausrufung der Republik gab Scheidemann den Massen, was sie in diesem Augenblick von den Sozialdemokraten erwarteten. (Winkler, 1984): „Es war eine psychologische Entschädigung für die Fortdauer materieller Entbehrungen. Wenn die Sozialdemokraten am 9. November die >Massen bei der Stange halten< wollten, mussten sie die Republik ausrufen."

„Der 9. November war der logische Schluss des verlorenen Krieges, der bespiellosen Entbehrungen und des Abscheus vor den Kriegshetzern, die auch jetzt noch nicht zur Ruhe kommen wollten, sondern mit dem verbrecherischen Gedanken eines >letzten Aufgebots< spielten. Es war der Protest gegen die Fortsetzung eines völlig aussichtslosen Mordens, das zudem – siehe die schönfärbenden Heeresberichte des letzten Kriegsmonats – noch immer von Lügen und Entstellungen begleitet war. Er war der Tag, an dem es nicht mehr weiterging, und den wir schon seit Jahren vorausgesagt hatten." (Scheidemann, S. 209)

Auf Betreiben der USPD konstituierte sich die Regierung als „Rat der Volksbeauftragten". Ebert, der einen Tag lang Reichskanzler gewesen war, wurde nun, am 10. November, Vorsitzender dieses Rates der Volksbeauftragten. Die Regierung nahm die Waffenstillstandsbedingungen an, am 11. November wurde das Abkommen von Matthias Erzberger unterschrieben, der Erste Weltkrieg war beendet, der Zustand des Deutschen Reichs für das Volk nicht wiederzuerkennen. Es war auf eine mögliche Niederlage, einen verlorenen Krieg und die erdrückenden Bedingungen eines Waffenstillstands überhaupt nicht vorbereitet worden und von den tiefgreifenden gesellschaftlichen Veränderungen vollkommen überrumpelt. Die linken und rechten Kräfte im Land formierten sich.

Aber nicht nur in Deutschland spielten sich große Unruhen ab, die nun in der Folge des verlorenen Krieges an vielen Orten aufflammten. Ganz Europa war davon betroffen, überall wurden die alten Herrschaftssysteme hinweggefegt. Müller (S. 133) beschreibt die Zustände in Teilen Europas gegen Ende des Jahres 1918: „Schlag auf Schlag rollt das Unglück über die Bourgeoisie hinweg. Eine Hiobspost jagt die andere. Österreich-Ungarn, Bulgarien und die Türkei von den großen Verbündeten abgefallen. Sie suchen durch Sonderfriedensangebote zu retten, was noch zu retten ist. Graf Stephan Tisza in Budapest von Soldaten erschossen. Kaiser Karl in Wien >abgedampft<. – Bulgarien steht im Flammenzeichen der Revolution. Die Volksregierung wird ausgerufen. – Revolution in Budapest. – Revolution in Wien. – Arbeiter- und Soldatenräte haben die Macht ergriffen. – In Budapest eine >Rote Armee< auf bolschewistischer Grundlage gebildet. – So schwirren die Nachrichten Anfang November durcheinander."

In Berlin hatte die Abdankung des Kaisers zu einer allgemeinen, tiefgreifenden Verunsicherung geführt. Müller (S. 17) zitiert einen Artikel, der am 10. November von Theodor Wolff im linksliberalen Berliner Tageblatt veröffentlicht wurde: „Die größte aller Revolutionen hat wie ein plötzlich losbrechender Sturmwind das Kaiserliche Regime mit allem, was oben und unten dazu gehörte, gestürzt. Man kann sie die größte aller Revolutionen nennen, weil niemals eine so fest gebaute, mit so soliden Mauern umgebene Bastille so in einem Anlauf genommen worden ist. Es gab noch vor einer Woche einen militärischen und zivilen Verwaltungsapparat, der so verzweigt, so ineinander verfädelt, so tief eingewurzelt war, dass er über den Wechsel der Zeiten hinaus seine Herrschaft gesichert zu haben schien. Durch die Straßen von Berlin jagten die grauen Autos der Offiziere, auf den Plätzen standen wie Säulen der Macht die Schutzleute, eine riesige Militärorganisation schien alles zu umfassen, in den Ämtern und Ministerien thronte eine scheinbar unbesiegbare Bürokratie. Gestern früh war, in Berlin wenigstens, das alles noch da. Gestern Nachmittag existierte nichts mehr davon." Troeltsch (S. 18) beschreibt die bedrückende Wirkung, die diese Unruhen, die wie ein gewaltiges Erdbeben wirkten, auf die dies alles fassungslos erlebende Bevölkerung hatten: „Noch kann man kaum die Ungeheuerlichkeit der Ereignisse ausdenken, obwohl man in diesen Jahren an Ungeheuerliches wahrlich gewöhnt war. Noch fürchtet man für das elementarste persönliche Dasein. Die Bedeutung für Deutschland und für die Welt sieht noch niemand ab, kaum hat man Ruhe, sie zu bedenken. Man wundert sich, wenn man aus dem Hause geht, dass Häuser und Bäume noch stehen. Man kommt in deren Ruhe wieder zu etwas Besinnung, und wer das Talent dazu hat, zu einiger Freude an der Natur, die dem Wahnsinn der Menschen mit immer gleicher Unbekümmertheit zuschaut, wie sie es all die Jahre her getan hat und noch lange tun wird."

Auch wenn eine bolschewistische Gefahr nicht gegeben war und der Bolschewismus in Deutschland nicht durchsetzbar gewesen wäre, so waren doch der Novemberaufstand und die Revolutionen in anderen europäischen Ländern in den Augen der rechtsgerichteten Kreise ein Fanal, und für sie seitdem eben doch die größte Gefahr von Links zu befürchten. Für die Linken waren die Aufstände nur immer neue Aufforderung, ihren Weg zuende zu gehen.

In München trat Ludwig III. bereits am 7. November zurück, und Kurt Eisner (USPD) führte die Revolution an. Gemeinsam mit dem Führer des Bauernbundes, Ludwig Gandorfer, rief er tausende Soldaten und Bürger zu einer großen Demonstration auf, öffentliche Gebäude wurden besetzt und Arbeiter- Bauern- und Soldatenräte gebildet. „Im Mathäserbräu sitzen die Bürger beim Abendschoppen. Eisner stürmt mit einer Schar seiner Anhänger herein, Hunderte drängen ihm nach. Parteileute, Schwabinger Künstler und Literaten, all die verkannten Genies; auch Deserteure, Verbrecher, Glücksritter, die eine günstige Stunde wittern. Die Bierstube wird zum Schauplatz einer historischen Handlung. Unter Eisners Vorsitz entsteht der Münchner Arbeiter- und Soldatenrat. Der König hat sich durch das Geraune und Gemurmel von Revolution und Aufstand nicht aus der Ruhe bringen lassen. Er fühlt sich sicher, und es kommt ihm nicht in den Sinn, dass ein hergelaufener galizischer Literat das in tausendjähriger Geschichte geknüpfte Band zwischen dem Hause Wittelsbach und dem bayerischen Volke zerreißen könnte. Wie immer geht er am Nachmittag des 7. November, ohne jeden Schutz, im *Englischen Garten* spazieren. Ein paar Stunden später tobt eine wild erregte Volkmasse vor dem Schloss und verlangt mit wütendem Geschrei die Abdankung der Dynastie. Im gleichen Augenblick lässt der Kriegsminister melden, es gebe in München keine Truppe mehr, die bereit sei, auf die Aufrührer zu schießen. Man drängt den König, er möge München sofort verlassen. (...) Eisner ist mit seinen Arbeiter- Soldaten- und Bauernräten vom >Mathäser< zum Landtagsgebäude gezogen. Zwischen Mitternacht und Morgen wird die Dynastie Wittelsbach für abgesetzt erklärt, Bayern zur Republik gemacht, die bisherige Regierung davongejagt." (Volkmann, S. 42) Eisner, zum Ministerpräsidenten gewählt, rief den Freistaat Bayern aus und wollte eine sozialistische Räterepublik errichten, die Wahl zur konstituierenden Nationalversammlung wurde angekündigt.

Im Januar 1919 kam es zu neuen Unruhen in Berlin, die Spartakusaufstand genannt wurden, obwohl nicht der Spartakusbund, sondern die USPD sie in Gang gebracht hatte. Emil Eichhorn (USPD), der Berliner Polizeipräsident, war von Ebert, der ihn für unzuverlässig hielt, entlassen worden. Dies war der Anlass für die USPD, auf die Straße zu gehen. Sie wurden unterstützt durch die am 1. Januar gegründete KPD, die jede Gelegenheit für den Versuch nutzte, eine Räterepublik zu errichten. Die Demonstrationen erhielten zunächst einen gewaltigen Zulauf, der Sturz der Regierung wurde verlangt, es kam zu einem Marsch in die Wilhelmstraße, wo die Demonstranten jedoch auf Anhänger der Regierung trafen, die ihnen den Weg versperrten. Der Aufstand war von kurzer Dauer und wurde durch die seit Dezember 1918 aufgebauten Freikorps und die Garde-Kavallerie-Schützendivision unter Waldemar Pabst brutal niedergeschlagen.

Am 15. Januar wurden Rosa Luxemburg und Karl Liebknecht ermordet.

Spartakisten und andere extrem linke Kräfte gingen mit harter Gewalt vor, riefen zwangsläufig die militärische Gegenreaktion der Regierung auf den Plan und kompromittierten dadurch das von den intellektuellen Führern der linken Bewegung vorgegebene Vorgehen, das man schon damals „den Marsch durch die Institutionen" hätte nennen können. „Karl Kautsky hatte durchaus recht, wenn er am 13. Januar die Putschtaktik der Spartakisten einer scharfen Kritik unterwarf und die bittere Wahrheit niederschrieb, dass jetzt der Militarismus zu neuem Leben erwacht sei, und gerade durch die Schuld derjenigen, die ausgezogen seien, um ihn zu bekämpfen." Ströbel (S. 113)

Kautsky hatte gefordert: „Für die Diktatur des Proletariats kann ich mir aber eine andere Form nicht denken als die eines kraftvollen Parlaments nach englischem Muster mit einer sozialdemokratischen Mehrheit und einem starken und selbstbewussten Proletariat hinter sich. Der Kampf um einen wirklichen Parlamentarismus wird meines Erachtens zum Entscheidungskampf der sozialen Revolution werden, denn ein parlamentarisches Regime bedeutet in Deutschland den Sieg des Proletariats, aber auch umgekehrt." (zitiert aus Winkler 2005, S. 16)

Parallel zu den Vorgängen in Berlin entstanden auch im Ruhrgebiet neue Streikbewegungen, mit denen die Arbeiter bessere Lebensbedingungen erkämpfen wollten, es schwang aber auch die Forderung nach der Sozialisierung der Bergwerke mit. Deutschland stand im Frühjahr 1919 am Rande eines Bürgerkrieges, denn auch in Oberschlesien, Württemberg, den Städten Magdeburg, Mannheim und Braunschweig kam es zu Arbeitsniederlegungen.

Ohne große, funktionsfähige Truppen konnte die Regierung zwar Herr der Lage in Berlin, nicht aber in allen Krisenherden in Deutschland werden. General Walther von Lüttwitz war daher von dem Reichswehrminister Gustav Noske beauftragt worden, solche Truppen aufzubauen, die Ordnung müsse wiederhergestellt werden. Lüttwitz gründete mehrere Freikorps, deren Mannschaften aus entlassenen Truppen der Marine und des Heeres zusammengestellt wurden. Ende Januar 1919 meldete das Generalkommando Lüttwitz, man verfüge jetzt bei Berlin über so große Truppen, dass auch das Eingreifen in der Provinz möglich sei. Noskes Hilfsangebot, die Situation in München zu bereinigen, wurde von der Regierung Hoffmann zunächst zurückgewiesen, so dass Noske in Bremen eingreifen ließ, wo die Radikalen seit dem 10. Januar eine unverhüllte Diktatur ausübten. Nach der Niederschlagung des Bremer Aufstands durch Noskes Freikorps-Truppen wandte man sich den anderen Brandherden im Land zu.

Es konnte, um die Situation der Bevölkerung zu bessern, noch immer keine konzentrierte Regierungspolitik stattfinden, zu viele Themen waren zu lösen, gegen zu viele Hindernisse im Inneren, aber auch gegen die, welche von der Entente wiederholt in den Weg gelegt wurden, musste immer wieder angegangen werden. „Immer neue Krisen erschüttern das in der Zeit des Waffenstillstands und des Friedens von den Feinden gefolterte und verhöhnte Reich. Diese Hemmungen und Erschwerungen von außen sind doch der eigentliche Grund der furchtbar schwierigen Entwicklung und Festigung der deutschen Revolution. Die beständige Fortdauer der Ernährungsnöte, die Versagung der Rohstoffe und die psychologisch teils ermüdenden, teils aufreizenden Demütigungen, die systematische Schwächung und Verhöhnung unserer Regierung: das macht es so unmöglich, Ruhe, Arbeit, Ordnung und Zukunftsglaube in der gepeinigten, verhetzten und demoralisierten Bevölkerung wieder herbeizuführen. Die Verleugnung aller Wilson'schen Versprechungen und Programme setzt die Liberalen ins Unrecht und stachelt die Nationalisten zu immer neuer Wut gegen sie auf. (...) Jede erreichte Ordnung wird auf diese Weise wieder vernichtet, jeder aufblitzende Funke der Vernunft wieder ausgelöscht. Die Regierung muss fortwährend Brände löschen und kommt nicht zum Hausbauen oder muss das letztere nebenbei und oberflächlich besorgen. Ohne es zu bemerken, dass wir die Geschäfte der Feinde besorgen und dass deren teuflische Politik indirekt gerade diese Wirren nährt, stürzen wir uns in einen Parteienhader, der jeden Tag ekelerregender und gefährlicher wird." Troeltsch (6. Februar 1919)

Am 16. Februar hatten die Radikalen in Mühlheim a. d. Ruhr den Sturz der Regierung Ebert-Scheidemann gefordert und eine nordwestdeutsche Republik, der auch Braunschweig und die Küstengebiete angehören sollten, ausgerufen. Sie verweigerten die Kohlenlieferungen an das Reich, bewaffneten die Arbeiter und riefen schließlich zum Generalstreik auf. Die Regierung entsandte Truppen in das Gebiet, es kam zu schweren Zusammenstößen, aber schließlich doch zu Verhandlungen mit dem Streikkommando und zu einem baldigen Ende der Aufstände und Arbeitsniederlegungen.

Zwar war dies ein Erfolg für die Regierung, jedoch blieben die Linken entschlossen, neue Krisenherde zu eröffnen, denn auch wenn sie regionale Niederlagen zu verkraften hatten, blieb doch ihr Ziel unverändert, die Gesellschaft in ihrem Sinne neu zu gestalten, und dies wurde mit umso größerem Einsatz verfolgt. „Kaum ist die Hauptgefahr im Ruhrgebiet beseitigt, so flammt am 24. Februar im mitteldeutschen Industrie- und Bergwerkrevier eine noch gewaltigere Bewegung auf. Sofortige Sozialisierung des Bergbaus und Demokratisierung aller Betriebe ist auch hier die wichtigste Forderung. Halle ist das Zentrum der neuen Streikbewegung. Hier übt der Arbeiter- und Soldatenrat, gestützt auf eine gefügige Sicherheitswehr, ein hartes Regiment aus. Zur Verzweiflung gebracht, setzt sich das sonst so geduldige Bürgertum zur Wehr. Am 25. Februar proklamiert es den bürgerlichen Gegenstreik. Alle Drohungen der radikalen Machthaber nutzen nichts, die Beamten und Ärzte stellen ihre Tätigkeit ein, die Geschäfte werden geschlossen. Schon nach wenigen Tagen treten in der Ernährung Schwierigkeiten ein. Eine Katastrophe scheint unvermeidlich. In diesem Augenblick, es ist der 1. März, trifft General Maercker mit den Landesjägern in Halle ein. Er versucht zunächst, ob Verhandlungen möglich sind. Sein Oberstleutnant Klüver begibt sich in Zivil unter die Menge, um die Lage zu erkunden, wird erkannt und ermordet. General Maercker erkennt, dass er mit Verhandeln und Milde hier nicht zum Ziel kommt. Er gibt Befehl, die Straßen zu räumen. Am nächsten Tage wird der Belagerungszustand verkündet und rücksichtsloses Vorgehen gegen jeden angeordnet, der Waffen trägt oder beim Plündern getroffen wird. Vierundzwanzig Stunden später herrscht Ruhe. Fünfhundert Plünderer werden

den Standgerichten zugeführt. Soldatenräte und Sicherheitswehr werden aufgelöst, aus regierungstreuen Unteroffizieren zuverlässige Garnisontruppen aufgestellt. (...) Der Generalstreik gerät ins Schwanken. Die Regierung baut dem geschlagenen Gegner goldene Brücken, indem sie noch einmal in feierlicher Form die Sicherung aller demokratischen und sozialen Errungenschaften der Revolution verspricht. Die Unabhängigen kapitulieren. Am 6. Und 7. März wird im ganzen Revier die Arbeit wiederaufgenommen. Zähneknirschend müssen auch die Spartakisten sich fügen." (Volkmann, S. 206 ff.)

Nun aber wurde Berlin erneut der Schauplatz für Aufstände, wobei es weniger um die Frage von Sozialisierung als um den Kampf gegen Noske und seine „Gewalt- und Blutherrschaft" ging. Die Gefechte dort dauerten bis zum 11. März. „An den Anschlagsäulen erscheint ein Aufruf Noskes: >Die zunehmende Grausamkeit und Bestialität der gegen uns kämpfenden Spartakisten zwingen mich, folgenden Befehl zu erlassen: Jede Person, die im Kampf gegen die Regierungstruppen mit der Waffe in der Hand getroffen wird, ist sofort zu erschießen.< (...) Allmählich wird es im Norden und Osten Berlins still. Gegen schwere Granaten, Minen und Tanks lässt sich mit Revolvern und Maschinengewehren auf die Dauer nicht ankämpfen." (Volkmann, S. 215)

Langsam ebbte die revolutionäre Welle im Reich ab. In Berlin und an der Küste, im Rheinland und in Westfalen, in

Thüringen und im Halleschen Industrierevier war die Regierung jetzt Herrin der Lage. Auch in Ostpreußen war die Ordnung widerhergestellt worden. Aber in München, Braunschweig und Magdeburg, Leipzig und Dresden hatten die Unabhängigen und Kommunisten noch nicht aufgegeben. Auch dort mussten die Aufstände mit militärischen Mitteln niedergeschlagen werden.

Nach Eisners Ermordung am 21. Februar 1919 hatte sich in München zwar eine neue Regierung aus Mehrheitssozialisten und Unabhängigen unter der Führung von Johannes Hoffmann gebildet, die sich aber gegen radikale Kräfte verschiedener Gruppierungen nicht durchsetzen konnte. Die sog. „Edelkommunisten", unter der Führung Tollers, riefen in München und Augsburg und im ganzen südlichen Bayern die bayerische Räterepublik aus. Ministerpräsident Hoffmann gründete daraufhin in Bamberg eine Gegenregierung. „Fünf Tage dauert das goldene Reich der >Edelkommunisten<, das in den Wolken stehende Reich der Phantasie, der Illusionen." (Volkmann, S. 222) Jetzt ging alles drunter und drüber. „Landauer reformiert das Erziehungs- und Bildungswesen. Er verkündet: >Jeder arbeitet, wie er es für gut hält; das Unterordnungsverhältnis wird aufgehoben, das juristische Denken hat hiermit aufgehört<. Die bisherigen Lehrer und Beamten sollen so rasch wie möglich verschwinden, die Examina und die Gelehrtentitel tunlichst beseitigt werden. Jeder Staatsbürger ist vom 18. Jahre an zum Besuch der Universitäten berechtigt. Der bisherige Geschichtsunterricht wird als kulturfeindlich verboten. Ein Volkskommissar für das Wohnungswesen ordnet die Beschlagnahme aller Wohnungen in ganz Bayern an. Jede Familie soll zukünftig neben Küche und Schlafräumen nur über einen Wohnraum verfügen. Weitere Verordnungen beschäftigen sich mit der Vollsozialisierung, mit völlig neuen Finanz- und Währungssystemen." (Volkmann, S. 222)

Aber nicht die „Edelkommunisten" blieben Herren der Lage, sondern die russischen Hardliner übernahmen. „Im allgemeinen Chaos in München, wo man versucht, die Räteherrschaft zu stürzen, trumpfen nicht die >Edelkommunisten<, sondern ihre russischen Gegenspieler Leviné, Levien und Axelrod auf. Als Oberbefehlshaber der Roten Armee gesellt sich der ehemalige Matrose Eglhofer dazu und errichtet eine militärische Gewaltherrschaft. Hoffman, der zunächst jede Hilfe aus Preußen abgelehnt hatte, sieht ein, dass er ohne diese nichts bewirken kann. Noske ist sofort bereit zu helfen, bietet an, das bayerische Freikorps Epp aus Thüringen nach München zu beordern. Hoffmann lehnt ab, Epps Einrücken sei >aus politischen Gründen< völlig unmöglich. Hoffmann und die Räteregierung stellen Truppen aus Freiwilligen zusammen, am 15. April kommt es bei Freising und bei Dachau zur ersten >Schlacht<. Bei Freising geben die Hoffmannleute den Rotgardisten einfach ihre Waffen ab und zerstreuen sich in ihre Heimatorte. (...) In Dachau sieht es kaum anders aus. Nun gibt Hoffman nach und bittet Noske erneut um Hilfe. Noske antwortet >Den Oberbefehl führe ich als Reichswehrminister; mein Stab für Bearbeitung und Leitung der militärischen Operation ist das Generalkommando Abteilung Lüttwitz. Generalleutnant von Oven werden die Streitkräfte unterstellt<." (Volkmann, S. 230 ff.).

Dass die Kommunisten in München die Macht übernommen hatten, wurde nicht nur in ihren Kreisen als Zeichen dafür gewertet, dass der Bolschewismus schließlich doch auch in einem Land wie Deutschland und schließlich weit darüber hinaus Fuß fassen könnte. In einem Flugblatt der Betriebs- und Soldatenräte Bayerns hieß es: „Heute endlich hat Bayern die Diktatur des Proletariats errichtet! Die Sonne der Weltrevolution ist aufgegangen! Es lebe die Weltrevolution! Es lebe die bayerische Räterepublik! Es lebe das Proletariat! Es lebe der Kommunismus!" Lenin telegraphierte am 27. April, er begrüße von ganzem Herzen die Räterepublik in Bayern. (Winkler 1984, S. 188)

Als die Nosketruppen am 26. April vor München standen, flohen Axelrod und Levien nach Österreich, Leviné tauchte in München unter. Eglhofer ließ noch zu diesem Zeitpunkt hunderte Bürger als Geiseln nehmen, einige von ihnen wurden erschossen. „Wie ein Lauffeuer verbreitet sich die Nachricht vom Geiselmord in der Stadt. Immer näher kommen der Kanonendonner und das Knattern der Gewehre. Da verlässt die gequälten Menschen die Geduld. Offiziere, Studenten, Bürger rotten sich zusammen, stürmen die von Rotgardisten besetzte Feldherrnhalle und die alte Residenz, schlagen tot, was ihnen in die Hände fällt. Am 1. und 2. Mai rücken die Nosketruppen in München ein. Es folgt ein schweres Strafgericht. Die Wut der Soldaten kennt keine Grenzen. Hunderte von Rotgardisten werden standrechtlich erschossen. Auch Unschuldige fallen dem Rachedurst zum Opfer." (Volkmann, S.232) Eglhofer, Landauer und Leviné wurden erschossen, Toller zu einer Freiheitsstrafe verurteilt.

Ströbel (S. 155) wandte sich erneut kritisch gegen das unbedachte Vorgehen der radikalen Linken: „Auch die Münchner Tragödie zeigt so wieder in allen ihren Phasen das traurige Bild der proletarischen Verwirrung und Selbstzerfleischung, des kopflosen Draufgängertums der radikalen Elemente und der Nachgiebigkeit und unverantwortlichen Schwäche der Rechtssozialisten. Durch die Schuld der maßlosen wie der allzu gemäßigten Elemente des Sozialismus endete das von allem Anfang an aussichtslose und unsinnige Räteabenteuer mit einer neuen, schweren Niederlage der Revolution und des Sozialismus. Zwar hatte die Münchener Katastrophe die putschistischen Illusionen der proletarischen Linken für einige Zeit gründlich zerstört; aber zu einer ruhigen, organisierten Fortentwicklung des Sozialismus konnte es schon deshalb nicht kommen, weil die Bourgeoisie aus dem Bruderkrieg und den Niederlagen des Proletariats Kraft und Selbstvertrauen gesogen hatte und weil vor allem der Militarismus wieder zum überragenden Machtfaktor geworden war."

Nach der Niederschlagung der Aufstände im Innern trat eine neue Entwicklung in Polen und Russland in den Vordergrund der Aufmerksamkeit und Überlegungen der Heeresleitung und der rechten Seite des Parteienspektrums. Denn seit dem Frühjahr 1919 war es zu militärischen Auseinandersetzungen zwischen Polen und Russland gekommen. Polen wollte seine Grenzen nach Osten verschieben, letztlich das Gebiet vor der Teilung von 1772 wiedererstehen lassen. Russland dagegen war bestrebt, die Revolution, die nicht, wie von Marx vorausgesagt, in einem industrialisierten, sondern in dem Agrarland Russland begonnen hatte, nach Westen in die Industrieländer zu exportieren. Diese Entwicklung wurde bei der deutschen Heeresleitung mit großer Sorge beobachtet, die befürchtete, dass Russland im Frühjahr oder Sommer 1920 in Polen einmarschieren könnte. „Nach den vorliegenden Nachrichten musste damit gerechnet werden, dass im Sommer 1920 sich die Heere Russlands in Bewegung setzen, die Randstaaten und Polen niederwerfen und an Deutschlands Grenzen erscheinen würden" (Lüttwitz, S. 110) Die Heeresleitung sah es als vordringliche Aufgabe an, militärisch vorbereitet zu sein. Auf keinen Fall dürfe der Forderung nach Truppenreduzierung, wie sie im Friedensvertrag vorgesehen war, nachgegeben werden.

Ziele rechter Gruppen:

Antidemokratische Überzeugungen in der frühen Weimarer Republik – die Monarchie von Gottes Gnaden gegen das parlamentarische Regierungssystem

Worauf gründeten die rechten und rechtsradikalen Positionen, die sich mit den ihnen unerträglichen Gegebenheiten nach der Novemberrevolution keinesfalls abfinden wollten? Auch ihre Überzeugungen lassen sich aus der Bibel ableiten. Der Paulusbrief an die Römer (13, 1-2) gibt die Antwort auf diese Frage: „Denn es gibt keine staatliche Gewalt, die nicht von Gott stammt; jede ist von Gott eingesetzt. Wer sich daher der staatlichen Gewalt widersetzt, stellt sich gegen die Ordnung Gottes, und wer sich ihm entgegenstellt, wird dem Gericht verfallen." Aus diesem Satz hatten Könige und Kaiser seit den Karolingern abgeleitet, sie seien durch die Gnade Gottes in ihr Amt eingesetzt worden. Friedrich Wilhelm IV. von Preußen hatte es 1848 abgelehnt, ein demokratisch legitimierter Kaiser von Deutschland zu sein, dies stünde im Widerspruch zu der Wirklichkeit des Gottesgnadentums.

Die Deutsche Bundesrepublik ist heute Teil des Westens, teilt dessen Werte und ist stolz darauf, eine westliche Demokratie mit einem (starken) Parlament zu sein. Dies war zu Beginn des zwanzigsten Jahrhunderts in keiner Weise gegeben. Zu jener Zeit, wie Fraenkel (S. 32) schreibt: „(...) war die Redewendung >die westlichen Demokratien< geladen mit Hass und Ressentiment, und wer sich zu der Idee und Realität der westlichen Demokratien bekannte, lief Gefahr, >undeutschen< Denkens und Handelns bezichtigt zu werden." S. 97: „Solange Monarchie und Bürokratie für sich das Monopol beanspruchten, Wahrer und Interpreten des Gemeinwohls zu sein, mussten sie den Anspruch des Parlaments, den hypothetischen Willen des Volkes zu repräsentieren, ablehnen; sie waren eher geneigt, das Parlament als Sprachrohr des (politisch als relativ unwichtig angesehenen) empirischen Volkswillens anzuerkennen. (...) Nicht das partei-zerklüftete Parlament, sondern die – angeblich – >über den Parteien stehende Regierung< galt als die wahre Repräsentation der Nation."

Die Konservativen beriefen sich auf Bismarck, der allein im Bezug auf das Christentum die Basis für eine positive Gesetzgebung sah, denn nur dieses stelle „eine der Relativität und Wandelbarkeit alles Menschlichen entzogene Sphäre geoffenbarter Wahrheit dar". Diese Auffassung vertrat Bismarck bereits im März 1849 in der Zweiten Preußischen Kammer (Zitat bei Gall S. 73): „Die Prinzipien beruhen auf entgegengesetzten Grundlagen, die sich von Hause aus einander ausschließen. Das eine zieht seine Rechtsquelle angeblich aus dem Volkswillen, in Wahrheit aber aus dem Faustrecht der Barrikaden. Das andere gründet sich auf eine von Gott eingesetzte Obrigkeit, auf eine Obrigkeit von Gottes Gnaden, und sucht seine Entwicklung in der organischen Anknüpfung an den verfassungsmäßig bestehenden Rechtszustand."

Zur weiteren Erläuterung des tiefen Gegensatzes zwischen der deutschen Auffassung, nach der eine starke unabhängige Person über der Regierung und den Parteien stehen sollte und derjenigen der Demokratien in anderen westlichen Ländern, die gegen das monarchische Prinzip das der Volkssouveränität mit einem Parlament als Legislative gesetzt hatten, werden einige Absätze aus Thomas Manns „Betrachtungen eines Unpolitischen" zitiert. Diese Zitate aus Thomas Manns Werk sollen den großen ideologischen Konflikt der Zeit vor etwas mehr als hundert Jahren darstellen, für den wir heute kaum noch Verständnis haben. Damals jedoch waren sie bestimmend für das Denken in weiten Teilen der deutschen Bevölkerung.

Im Jahre 1918 erschien – vollendet 1917 - Thomas Manns Buch „Betrachtungen eines Unpolitischen", in dem er die Besonderheit Deutschlands gegenüber den westlichen Demokratien hervorhob. Thomas Mann geht hier zunächst auf die Kräfte in Deutschland ein, die gerne das System der westlichen Demokratie auch in Deutschland verwirklicht sähen, am ehesten dadurch, dass Deutschland nach verlorenem Krieg gezwungen würde, die parlamentarische Demokratie einzuführen. Diejenigen, die gegen diese Verwestlichung Deutschlands protestierten, sähen sich einem „leidenschaftlichen Protest gegen diesen Protest ausgesetzt". Thomas Mann (S. 75) schreibt: „Diejenigen, die es noch nicht wissen, müssen es unbedingt erfahren – denn es ist sehr wichtig und interessant – dass es in Deutschland Geister gibt, die an dem Protest ihrer Gemeinschaft gegen den römischen Westen nicht nur nicht teilhaben, sondern sogar im leidenschaftlichen Protest gegen diesen Protest ihre eigentliche Aufgabe und Sendung sehen und den innigen Anschluss Deutschlands an das Zivilisations-Imperium mit allen Kräften ihres Talents fordern. Während aber die inneren Gegner des amtlichen und wortführenden – o ja: wortführenden Frankreich im Kriege mit völligster Entschiedenheit zu ihrem Lande stehen, leihen unsere Anti-Protestler ihrem kämpfenden Lande keineswegs Unterstützung und Sympathie, sondern bekennen sich, soweit ein solches Bekenntnis heute angängig ist, mit Begeisterung zur Gegenseite, zur Welt des Westens, der Entente, insbesondere Frankreichs. (...) Wenn die Londoner *Times* eines Tages erklärten, dieser Krieg werde von den Verbündeten >aus Interesse an

Deutschlands inneren Zuständen< geführt, so war das wohl freilich ziemlich genau das, was man unter einer *shameless audacity* zu verstehen hat, aber es war völlig im Sinne des Anti-Protestlers gesprochen, der ihn ebenfalls aus europäischem Interesse an den inneren >Zuständen< seines Landes führt. (...) Wir erlösen und befreien Deutschland, indem wir es schlagen, es auf die Knie werfen, seine böse Renitenz, ihm selbst zur Wohltat, brechen und es zwingen, Vernunft anzunehmen und ein ehrenwertes Mitglied der demokratischen Staatengesellschaft zu werden." Und, einige Seiten weiter, mit anderen Worten, (S. 87): „Es gilt die Demokratisierung Deutschlands, oder, um es auf den Generalnenner zu bringen: es gilt seine Entdeutschung" S. 290: Man „kann es den Großen dieses Volkes, den Nietzsche, Lagarde und Wagner, nur aus tiefster eigener Überzeugung nachsprechen, dass die Demokratie im westlichen Sinn und Geschmack bei uns landfremd ist, ein Übersetztes, das >nur in der Presse vorhanden< und niemals deutsches Leben und deutsche Wahrheit werden kann."

Kurt Sontheimer schrieb rückblickend (S. 61): „Die nationale (rechte) Opposition gegen den Weimarer Staat gefiel sich darin, die Weimarer Staatsschöpfung als Ausgeburt seelenlosen westlichen Verständlertums abzuwerten, als ein politisches Gebilde, in dem nicht die organische Staatstradition des Reiches verkörpert, in dem das Volk nicht zu einer leib-seelischen Gemeinschaft zusammengewachsen sei, sondern, in Klassen zerrissen, als Masse vegetiere. Sie sah in der Republik einen Staat, dessen Verfassung vom wahren Leben des Volkstums und seinen unter-gründigen Kräften nichts wisse, sondern das vielgestaltige völkische Leben in mechanistisch-dürren Formelbestim-mungen ersticke; eine seelenlose Regierungsmaschine ohne jede innere Beziehung zu den tiefen Kräften unserer Geschichte; keine Gemeinschaft, sondern einen von wi-derstreitenden Interessen regierten Gesellschaftsver-band, feindlichen, d. h. volksfremden Ideologien hörig. Solcher Art war – sofern man nicht zu schärferen rhetori-schen Mitteln griff - das Bild, das >national< gesinnte Deutsche aus manchen ihrer Zeitungen und Zeitschriften von der Weimarer Republik gewinnen mussten. Aus der Verachtung des Geistes und der Kultivierung des Mythos und der Seele wurde, ohne allzu große intellektuelle Artis-tik, die Verachtung der parlamentarischen Demokratie mit ihrem Mehrheitsprinzip, die Verunglimpfung der Par-teien, der erbitterte Widerstand gegen jede Politik der Versöhnung und Verständigung mit dem westlichen Aus-land."

Und weiter (S. 63) schreibt Sontheimer: „Die konservati-ven Revolutionäre der Weimarer Republik freilich fanden, dass im Deutschland der industriellen Massengesellschaft noch immer zu viel Verstandeskultur herrsche. Sie wollten den >organischen Leib der Nation<; sie sprachen von der Sehnsucht nach den Tiefen des Lebens, die in den Strömen ihres Blutes rausche und aus ihren Augen leuchte. Sie pre-digten die Wiedereinsetzung aller jener elementaren Ge-setze und Werte, ohne welche der Mensch den Zusam-menhang mit der Natur und Gott verliert und keine wahre Ordnung aufbauen kann. Doch wie sollte die wahre Ord-nung aussehen? Sie träumten von einem organischen

Staatswesen, mit einem vom Schicksal bestellten kraftvollen Führer an der Spitze, sie wähnten sich als Elite von echter deutscher Staatsgesinnung zu den Geschäften der politischen Führung und zur geistigen Durchdringung des Volkes berufen, sie verachteten die demokratische Gleichheit und wollten sie ersetzt sehen durch >innere Wertigkeit<, sie forderten den ständisch gestuften hierarchischen Staat. Da aber der Weimarer Staat parlamentarisch und demokratisch konstruiert war und also fern jener >höheren< politischen Ordnung, von der sie weissagten, hielten sie es für die Gegenwartsaufgabe des Konservativismus ihrer Prägung, zu zerstören und sich revolutionär, d. h. umstürzlerisch zu gebärden. Man sprach vom Bleibenden und Ewigen, von der >existentiellen Substanz<, auf der der neue Staat beruhe, und von der Unterlegenheit des intellektuellen Räsonnements, welches die Gegenseite pflege. Die Ratio, so wussten sie überheblich, habe ständig wechselnde Ideale, der neue, revolutionäre Konservativismus hingegen sei eine ewig menschliche Haltung, im Bunde mit den natürlichen Mächten und somit auch im Bunde mit Gott und seiner Schöpfungsordnung, die eben keine politische Vernunftordnung sei."

Für die rechten Parteien in der Weimarer Republik, die sich selbstverständlich an die von Bismarck herausgearbeiteten Prinzipien hielten, war die Weimarer Verfassung abzulehnen. Denn in einer parlamentarischen Demokratie würde der Kampf der Parteien um die Macht und Vorherrschaft zu einer oberflächlichen, nur auf den nächsten Wahlkampf ausgerichteten, nicht mehr weitsichtigen Gesetzgebung führen.

Kuno Graf Westarp, Mitglied der Deutschnationalen Volkspartei (DNVP), formulierte die Position der Partei wie folgt: „Bereits in den Verhandlungen über den Erlass der Weimarer Verfassung bildeten sich also die beiden Grundgedanken heraus, die unsern Kampf gegen das parlamentarische Regierungssystem während seiner ganzen Dauer beherrscht haben. Er richtet sich gegen die ausschließlich dem Reichstag übertragene Gesetzgebungsgewalt und gegen die bindende Kraft des Misstrauensvotums. (...) Nur durch Massenagitation und scharfen Kampf gegen die politischen Gegner konnte jede Partei dieses Regierungssystems sich die zahlenmäßige Grundlage schaffen, von der ihre politische Macht abhing, und die egoistischen Wirtschaftsforderungen der einzelnen Volksgruppen wurden zu einem unausgesetzt wirkenden Hindernis, die Gesetzgebung nach weitsichtigen staatspolitischen und soliden wirtschaftlichen Grundsätzen zu gestalten. Einer kraftvollen allseitig anerkannten Führung entbehrend, wurden die Wählermassen und mit ihnen die Parteien immer tiefer in die Interessen- und Meinungs-Gegensätze hineingerissen, zu deren Überwindung dem deutschen Volke damals mehr denn je der feste nationale Sinn fehlte. (...) Je radikaler die parteipolitische Agitation ist, umso geringer ist der Aufwand an geistiger Vertiefung, den sie erfordert, umso größer dagegen der Erfolg, den sie verspricht. Darauf beruht die Abhängigkeit, in die in diesem System die gemäßigten Parteien von ihrem eigenen radikalen Flügel und bei der Heftigkeit des Wahlkampfes von der radikaleren Nachbarpartei zu geraten pflegen. Revolutionäre Zeiten, in denen die Macht der Straße wächst, vermehren noch diese Abhängigkeit der Parteien, und in einem System, in dem man sich gewöhnt, unter Politik nur

die Rücksicht auf die Wahl-Aussichten zu verstehen, ergreift sie (die Macht der Straße, d. V.) nicht nur die Agitation, sondern auch die sachliche Politik. (...) So hat sich das deutsche Volk in einer Jahrhunderte-langen Geschichte in dem bundesstaatlich, konstitutionell-monarchischen Regiment der Hohenzollern seine Volksregierung geschaffen. Jetzt hat der Fiebertaumel der Revolution und der Niederlage die Wählermassen beherrscht, auf deren Tagesbeschluss gestützt die Nationalversammlung sich die Souveränität zugeschrieben hat, Ersatz für das zerstörte geschichtliche Werk des deutschen Volkes zu schaffen."
(Westarp, 16.2.1919)

Wie sollte es möglich sein, einen Ausgleich zu finden, wenn nun, nach verlorenem Krieg und der Abdankung des Kaisers und aller Fürsten, bei vielen eine so tiefgründende Abneigung, ja Verachtung der von den Alliierten geforderten Einrichtung einer demokratischen Mehrheitsherrschaft bestand, und auf der anderen Seite auch noch sehr viel weitergehende, links-radikal motivierte Umsturzbestrebungen niedergehalten werden mussten?

Dynamik der Entwicklung

Oktober bis Dezember 1918:

Waffenstillstand, Vorbereitung auf die Wahl zur Nationalversammlung

Nach der Darstellung der grundlegenden Überzeugungen
auf der linken und rechten Seite der Gesellschaft und ihrer
extremen Ausrichtungen nun zurück zu dem chronologi-
schen Ablauf der Ereignisse.

Es setzte sich sehr bald die Auffassung durch, dass dem
amerikanischen Präsidenten Wilson ohne Verzug ein Waffenstillstandsangebot gemacht werden müsse. Am 28.
September 1918 kam die Heeresleitung mit dieser Forderung auf die Regierung zu. Das Waffenstillstandsangebot
sollte jedoch auf Verlangen der Obersten Heeresleitung
(OHL) nicht von Seiten der Heeresleitung, sondern von der
Regierung unterbreitet werden. Nur so konnte die Verantwortung für den verlorenen Krieg von der Militärführung
ferngehalten (>im Felde unbesiegt<) und der Politik, vor
allem den Sozialdemokraten, in die Schuhe geschoben
werden. Graf Hertling, der sich stets gegen eine solche Zu-
weisung der Verantwortung und auch gegen eine Parlamentarisierung ausgesprochen hatte, konnte sich nicht
behaupten und wurde abgesetzt. Der Kaiser ernannte am
3. Oktober auf Vorschlag der Regierung Prinz Max von Baden zu Hertlings Nachfolger als Reichskanzler.

Am 4. Oktober bat die deutsche Regierung in einem Brief an Wilson um Waffenstillstand: „Die deutsche Regierung ersucht den Präsidenten der Vereinigten Staaten von Amerika, die Herstellung des Friedens in die Hand zu nehmen, alle kriegführenden Staaten von diesem Ersuchen in Kenntnis zu setzen und sie zur Entsendung von Bevollmächtigten zwecks Anbahnung von Verhandlungen einzuladen. Sie nimmt das von dem Präsidenten der Vereinigten Staaten von Amerika in der Kongressbotschaft vom 8. Januar 1918 (Wilsons 14 Punkte, d. V.) und in seinen späteren Kundgebungen, namentlich der Rede vom 27. September, aufgestellte Programm als Grundlage für die Friedensverhandlungen an. Um weiteres Blutvergießen zu vermeiden, ersucht die deutsche Regierung, den sofortigen Abschluss eines Waffenstillstandes zu Lande, zu Wasser und in der Luft herbeizuführen." (Baden, S. 352)

Die Antwort, in der die Kapitulation des Reiches und die Abdankung des Kaisers gefordert wurden, kam am 23. Oktober. Da Ludendorff die Forderung nach einer Kapitulation keinesfalls annehmen wollte, lieber wollte er die Kampfhandlungen wieder aufnehmen und bis zum Untergang weiterkämpfen, stellte Prinz Max den Kaiser vor die Wahl, entweder ihn als Reichskanzler zu entlassen oder die Führung der OHL auf eine Person zu fokussieren. Ludendorff wurde daraufhin am 26. Oktober entlassen, Hindenburg blieb. Wilhelm Groener wurde Chef der Obersten Heeresleitung und war damit Ludendorffs Nachfolger. Um durch eine Parlamentarisierung die Alliierten für mildere Friedensbedingungen günstig zu stimmen, beschloss die

Regierung am 28. Oktober Änderungen der Reichsverfassung und damit die parlamentarische Demokratie als neue Staatsform. Das Gesetz wurde tags darauf vom Kaiser unterschrieben, bevor er sich auf Anraten Hindenburgs in das Hauptquartier der Heeresleitung nach Spa in Belgien begab. Sofort wurde der Verdacht laut, der Kaiser wolle die alte Militärmonarchie wiederherstellen. Praktisch gleichzeitig erging ohne Wissen der Regierung der Befehl der Seekriegsleitung an die Hochseeflotte, gegen England auszulaufen, ein eindeutiges Zeichen für den Versuch einer Bewegung gegen die Regierung. Die Marinemannschaften weigerten sich, den Befehl auszuführen, aus der Meuterei wurde ein Aufstand, der sich schnell von Kiel über das ganze Land ausbreitete. Am 7. November wurde der Wittelsbacher König in München gestürzt, die Republik ausgerufen. Am 8. November gingen auch in Berlin die Arbeiter auf die Straßen, am 9. November rief Scheidemann die Republik aus, mit den oben beschriebenen Folgen für die Monarchie und den weiteren unmittelbaren revolutionären Erhebungen.

Die Regierung unter Ebert schaute nach vorne und versuchte, die Ordnung so gut wie möglich aufrechtzuerhalten bzw. wiederherzustellen. In Vorbereitung auf Wahlen zur Verfassunggebenden Nationalversammlung, die nach längeren Diskussionen schließlich auf den 19. Januar 1919 festgelegt wurde, nahmen die Parteien ihre Positionen ein: Die Mehrheitssozialdemokratische Partei Deutschlands (MSPD) erhofften ein klares Mandat des Deutschen Volkes zu ihren Gunsten, es lag ihr in keiner Weise an einer Verwirklichung des Sozialismus, und sie war als Regierungspartei sehr darauf bedacht, alles zu tun, um eine radikale Umgestaltung der Verhältnisse von links oder rechts zu vermeiden. Die Unabhängige Sozialdemokratische Partei Deutschlands (USPD), eine sozialistische Partei, die sich schon seit der Bewilligung der Kriegskredite 1914 gegen die Sozialdemokratie abgegrenzt hatte und im April 1917 als eigenständige Partei gegründet wurde, wollte alles tun, um eine Stärkung der Rechten zu vermeiden und dachte daran, noch vor der Wahl sozialistische Maßnahmen durchzuführen. Die links-extremen Kräfte, USPD und deren marxistischer Flügel, der Spartakusbund, strebten eine Vergesellschaftung der Schlüsselindustrien an und wollten die anhaltende Bewegung der Bildung von Arbeiter- und Soldatenräten unterstützen. Die Kommunistische Partei Deutschlands (KPD), im Januar 1919 aus dem Spartakusbund, der sich von der USPD abgespalten hatte, und anderen linksradikalen Gruppen unter der Führung von Karl Liebknecht und Rosa Luxemburg hervorgegangen, verfolgte die „Diktatur des Proletariats" mit dem Ziel, den Kommunismus in Deutschland zu verwirklichen. Die Arbeiterklasse sollte die bestimmende Macht werden. Liebknecht wollte „alle exekutive, alle legislative und alle richterliche Gewalt bei den Arbeiter- und Soldatenräten" sehen. (Bernstein, S. 65)

Eher liberalkonservativ ausgerichtete Strömungen fanden sich in der Deutschen Demokratischen Partei (DDP) und der von Stresemann geführten Deutschen Volkspartei (DVP), wieder. Letztere erhielt Unterstützung aus dem liberalen jüdischen Bürgertum, aber auch aus Teilen der konservativen Schwerindustrie. Das Zentrum war das Sammelbecken der katholischen Bevölkerung, mit besonders ausgeprägter Richtung gegen die Sozialdemokraten, und machte klar: „(...) die neue Ordnung darf nach dem Sturz der Monarchie nicht die Form der sozialistischen Republik erhalten, sondern muss eine demokratische Republik werden." Von dieser Partei spaltete sich die ausschließlich in Bayern agierende Bayerische Volkspartei (BVP), ab und wandte sich mit dem Ruf „Bayern den Bayern" ausdrücklich gegen ein Übergewicht „preußischer Hegemonie".

Auf der rechtsextremen Seite des politischen Spektrums gründeten Alfred von Tirpitz, Wolfgang Kapp, Alfred Hugenberg und andere am 2. September 1918 die Deutschnationale Volkspartei (DNVP), in der verschiedene konservative Parteien, so auch die inzwischen aufgelöste, von Kapp und Tirpitz 1917 gegründete Deutsche Vaterlandspartei (DVLP) aufgingen. Die Vaterlandspartei war eine Gegenreaktion auf die Friedensresolution der Mehrheit im Deutschen Reichstag vom 19. Juli 1917 gewesen. Sie hatte einen Zusammenschluss aller vaterländischen Kräfte als Partei über den Parteien angestrebt, um einen siegreichen Frieden im Ersten Weltkrieg erreichen zu können. (Hering, S. 469). Große Annexionen und der uneingeschränkte U-Boot-Krieg waren ihre Hauptforderungen gewesen. Die Deutsche Vaterlandspartei, eine nationalistische und judenfeindliche Partei, sollte von vornherein nur bis zum Kriegsende bestehen und wurde folgerichtig Ende 1918 gelöscht (Cavallie, S. 119). Mit dem Ende des Krieges war ihre Mission beendet, ihr nationalistischer, rechtskonservativer und antisemitischer Geist jedoch lebte weiter, jetzt in der Deutschnationalen Volkspartei (DNVP), die auch das Vermögen der Vaterlandspartei und viele ihrer Mitglieder übernahm.

Januar bis April 1919:

Eine bürgerliche Koalition, Streiks und Gedanken an eine Diktatur von rechts

Die Regierung war aus einer Revolution hervorgegangen, die Republik ausgerufen. Dies war für die extrem-linke Seite Ansporn, die Revolution im Sinne des Bolschewismus zu vollenden, für die extrem-rechte, das Rad zurückzudrehen, um das Bismarck'sche Regierungssystem wiedereinzusetzen.

Mit 37,9% der Stimmen war die MSPD Sieger der Wahl vom 19. Januar 1919, Zentrum und BVP erhielten 19,7%, DDP 18,5%, DNVP 10,3%, USPD 7,6% und die DVP 4,4%. Dieses Ergebnis galt als eine klare Absage an kommunistische Revolutions- wie rechte Restaurationsideen. Weimar wurde als Regierungssitz gewählt, man erhoffte mit diesem sichtbaren Anknüpfen an den „Geist von Weimar" eine positive Wirkung auch auf das Ausland, denn es ging jetzt um die Werte und Inhalte, mit denen die neue Deutsche Republik aufgebaut werden sollte. Es kam zu einer sozialdemokratisch-bürgerlichen Koalition zwischen MSPD, DDP und dem Zentrum in Fraktionsgemeinschaft mit der BVP. Die USPD konnte sich mit ihren linksradikalen Forderungen nicht an einer Koalition beteiligen, sondern nur in die Opposition gehen. Die KPD hatte keinen Sitz im Parlament.

Die Mehrheitssozialdemokraten, die eine stabile parlamentarische Demokratie errichten wollten, suchten die Unterstützung und Zusammenarbeit der gemäßigten Kräfte, eine entsprechende Koalition kam ihnen gelegen. „Die Republik konnte wohl mit bestimmten bürgerlichen Parteien und Klassen, nicht aber mit allen den Kampf aufnehmen, ohne sich in eine unhaltbare Lage zu bringen. Sie konnte die große, auf sie gefallene Last nur tragen, wenn sie erhebliche Teile des Bürgertums an ihrem Bestand und ihrer gedeihlichen Entwicklung interessierte. Selbst wenn die Sozialdemokratie bei den Wahlen zur Nationalversammlung die ziffernmäßige Mehrheit erhalten hätte, wäre die Heranziehung der bürgerlich-republikanischen Parteien zur Regierung ein Gebot der Selbsterhaltung gewesen. Sie war aber auch zugleich eine Lebensnotwendigkeit für Deutschland als Nation." (Bernstein, S.268)

Ebert wurde zum Reichspräsidenten gewählt, denn ihm traute man zu, unparteiisch zwischen den starken Gegensätzen der Parteien vermitteln zu können, den Konservativen war es jedoch ein Dorn im Auge, dass ein ehemaliger

Sattlergeselle mit Volksschulabschluss nun gewissermaßen die Nachfolge im Amte des Kaisers innehatte. Philipp Scheidemann, ein erfahrener Parlamentarier, wurde Regierungschef, Reichsministerpräsident, und operierte klug in diesem Amt, mehr moderierend als führend. Gustav Noske wurde „Reichswehrminister", auch wenn eine Reichswehr zu diesem Zeitpunkt noch nicht bestand, denn das „Gesetz zur Bildung einer vorläufigen Reichswehr" wurde erst am 6. März verabschiedet. Der Autor dieser Gesetzesvorlage war Walther Reinhardt, Offizier im preußischen Kriegsministerium, dem daran gelegen war, die monarchische Tradition des Heeres zu bewahren. Obwohl große Teile der Heeresleitung der sozialdemokratischen Regierung ablehnend gegenüberstanden, war ihnen bewusst, dass der Neubau des Staates ihrer Mitwirkung bedurfte. Es kam zu einer stillschweigenden Übereinkunft zwischen Offizierskorps und Regierung: die Regierung sollte geschützt, das Heer eine Sonderstellung einnehmen und der Staat nicht entmilitarisiert werden. „Wir hofften durch unsere Tätigkeit einen Teil der Macht im neuen Staat an Heer und Offizierskorps zu bringen, gelang das, so war der Revolution zum Trotz das beste und stärkste Element des alten Preußentums in das neue Deutschland hinübergerettet." (Groener, S. 468).

Während die Regierungsbildung und die bald darauf folgende Verabschiedung der Verfassung die Hoffnung auf Stabilität mit sich brachten, zeichnete Troeltsch zur selben Zeit ein Bild der Fahrigkeit und Unruhe, wie es im Straßenbild Berlins zu erfahren war (15. Februar 1919): „Man braucht nur das heutige Berlin zu sehen und die Verfinsterung der Lage erklärt sich von selbst: schmutzig, mit Papierfetzen übersät, die Sockel der Gebäude mit Plakaten aller Art beklebt, auf den Straßen Soldaten mit Drehorgeln oder fliegendem Kram, sorgenvolle Gesichter der meisten, rasende Amüsiersucht auf den Gesichtern der anderen, zahlreiche Läden aus Furcht vor Plünderung geschlossen, andere in Wohnräume notdürftig verwandelt, überall steigende Preise und Entwertung des Papiergeldes. Dazwischen ein Hin- und Hertoben der Autos mit Soldatenmassen, Schutzpatrouillen jugendlicher rauchender Soldaten, die Kasernen von Soldaten besetzt, die nur an die Verteidigung der Kaserne als ihrer Existenzgrundlage denken und sonst an nichts. In dieser Atmosphäre entstehen die immer neuen Unruhen von selbst und bieten den systematischen Politikern der immer neuen Revolution leicht verfügbare Mittel und Massen."

Troeltschs Eindrücke trafen zu, denn tatsächlich hatte die Regierung – wie oben ausführlich geschildert - über mehrere Monate damit zu tun, eine große, im Wesentlichen von der USPD bewirkte Streikwelle, die z. T. mit Generalstreiks über das ganze Land hinweg zog, einzudämmen. Es ging um höhere Löhne, Sozialisierung der Schlüsselindustrien und die Einführung eines wirtschaftlichen Rätesystems („alle Macht den Räten"). In mehreren Städten im Ruhrgebiet kam es zu besonders harten Auseinandersetzungen zwischen Arbeitern und der Polizei, „am 1. April streikten im Bergbau mehr als ein Drittel, am 10. April fast drei Viertel aller Belegschaften." (Winkler 2005, S. 74) Der Generalstreik wurde mit militärischen Mitteln und nach erfolgreich geführten Verhandlungen Ende April beendet.

Ein solches Ergebnis und die Beendigung eines General-streiks durch Militär und Verhandlungen gelangen auch in der Region Halle und Merseburg in Mitteldeutschland, wo zeitweise ebenfalls drei Viertel der Arbeiter ihre Arbeit niedergelegt hatten.

Die Regierung war auf eine enge Zusammenarbeit mit dem Militär angewiesen, wurde aber von der OHL, beson-ders von General Groener, kritisiert, zu wenig gegen den Druck von Links zu unternehmen, was wiederum Kräfte von rechts provozierte.

Die schweren Kämpfe in Berlin im Zusammenhang mit dem Generalstreik veranlassten die Chefredakteure der „Vossischen Zeitung" und der „Berliner Morgenpost" im Frühjahr 1919 an General Walther von Lüttwitz mit dem Anliegen heranzutreten, eine Gegenrevolution in Gang zu setzen und eine Diktatur zu errichten. „Die Zeit ist reif, Euer Exzellenz! Der Augenblick ist günstig! Das Vaterland blickt auf Sie. Vollenden Sie die Arbeit, die Sie begonnen haben, retten Sie das Vaterland vor Schmach und Tod!" (Lüttwitz, S. 57). Auch der Vorsitzende des Berliner Bür-gerrates, Salomon Marx, wollte Lüttwitz für eine Gegen-revolution und die Errichtung einer Diktatur gewinnen, um die Ordnung im Land wiederherzustellen. Lüttwitz lehnte ab und antwortete: „Die Masse der Truppen würde sich nur in Verteidigung und Vertretung ihrer eigenen Be-lange oder allenfalls noch, wenn die Regierung einen schweren Rechtsbruch beginge, gegen die Regierung ver-wenden lassen." (Lüttwitz, S. 57)

Sozialdemokraten und Gewerkschaften waren sich einig, dass der wirtschaftliche Aufbau unbedingten Vorrang vor allen weiteren Veränderungen, besonders in Bezug auf eine Sozialisierung, haben müsse. Dies war die Kompromisslinie, auf die sich Regierung, Gewerkschaften und auch das Militär zunächst einigten, und mit der ein Vorgehen des Militärs gegen die Regierung vermieden wurde. Wolfgang Kapp, der in Ostpreußen lebte und dort und von dort aus in Berlin politisch aktiv war, wollte die in Königsberg Aufruhr stiftenden Arbeiter- und Soldatenräte beseitigen und die revolutionären Umtriebe beenden. Um dies zu erreichen, suchte er die Unterstützung von Hans von Seeckt. Er dachte bereits zu diesem Zeitpunkt daran, gegen die Regierung in Berlin vorzugehen. „Jedenfalls hatte sich im Lauf des Winters 18 auf 19 so viel Zündstoff angehäuft, dass daran gedacht werden konnte, zunächst in Ostpreußen dem Revolutionstrauerspiel ein Ende zu machen und dann von Ostpreußen aus schrittweise die Befreiung von der Revolutionswillkürherrschaft zu betreiben. Ich nahm deshalb Veranlassung, mit Seeckt zu verhandeln. Während mir aber eine allgemeine Gegenerhebung vorschwebte, wollte Seeckt nur den Sturz der Königsberger Arbeiter- und Soldatenräte betreiben. Es blieb nur so viel übrig, dass im Einverständnis mit den Zentralstellen in Berlin am 3. März 1919 die Herrschaft der Arbeiter- und Soldatenräte nach kurzen Straßenkämpfen, die von 6 Uhr morgens bis in den Nachmittag dauerten, beseitigt wurde." (Kapp, Dokument 845) General Hans von Seeckt lehnte ein darüberhinausgehendes Eingreifen ab. Auch Lüttwitz, Befehlshaber aller Truppen Norddeutschlands und im Berliner Raum, wies derartige gegen die Regierung gerichteten Pläne wiederholt zurück. Er war bereits zu jener Zeit überzeugt, dass ein solches Vorgehen scheitern müsse.

Gustav Noske (S. 195) kommentiert rückblickend: „Verrannt in den Glauben an den >starken Mann<, der helfen könne, verfielen konservative Politiker und einzelne Offiziere bald auf den Gedanken, eine Diktatur böte die Möglichkeit, rasch aus allen innerpolitischen Wirren und wirtschaftlichen Nöten herauszukommen." Es waren zu dieser Zeit und auch später, wie wir sehen werden, aber nur sehr wenige Offiziere bereit, überhaupt an einen Umsturz zu denken. Fast alle waren überzeugt, dass es vorrangig sein müsse und zunächst auch genügen würde, gemeinsam mit dem Reichswehrminister Noske, zu dem sie größtes Vertrauen hatten, die von linken Gruppen immer wieder ausgerufenen Streiks zu beenden und vor allem den Spartakusbund zu beseitigen.

In dieser Zeit des gewaltigen gesellschaftlichen Umbruchs waren aber noch sehr viele andere Ideen im Umlauf, die sich auf eine Umgestaltung der Gesellschaftsordnung richteten. Troeltsch (20. April 1919) beschreibt, wie nach dem Zusammenbruch der Jahrhunderte lang herrschenden Ordnung und Hierarchie in der Gesellschaft nun alle möglichen Vorstellungen und Träume, Neues zu gestalten, Bestehendes zu zerstören, um sich griffen: „Da man den eigentlichen Ursachen des Elends, der giftigen Politik der Entente, der Desorganisation des Staates und dem psychologischen Zustand der von Hunger und Erregung rasend gewordenen Massen nicht beikommen kann, hält man sich an das einzige, was man zertrümmern kann, an die relative demokratische Ordnung, die wir haben und die doch die leider nur allzu berechtigten Wünsche so wenig erfüllen kann. Es ist ein allgemeiner Ansturm der Enttäuschten, der Ideologen und der Restaurations-männer gegen die Demokratie, die man anfangs so hoch zu preisen wusste. (...) Vor allem meint das Bündnis der Unabhängigen, Bolschewisten, Literaten, Ideologen und Konservativen bei jeder Gelegenheit etwas völlig anderes. Die einen wollen auf dem Wege über das Rätesystem zu einer ständisch-mittelalterlichen Gesellschaftsordnung mit sehr starker Herabsetzung der Produktion und mit starker kirchlicher Leitung. Die anderen wollen gegen Demokratie Luft gewinnen für aristokratisches Führertum, das sich dann wieder in eine erblich befestigte Aristokratie zurückverwandeln kann und mit jeder Staatsverfassung zufrieden sein wird, die ein derartiges Führertum anzuerkennen und zu befestigen vermag. Wieder andere wollen nur Elend und Verwirrung nach Möglichkeit steigern, die Nation in Konservative und Bolschewisten sprengen. Noch andere sehen im Bolschewismus die große Simsonstat, in der sie mit sich selbst die Welt unter dem einstürzenden Dach begraben oder vielleicht noch im letzten Moment die Angst der Welt für eine politische Rettung nutzbar machen können. Andere träumen von einer neuen endlich rationalen Weltordnung, in der der irrationale Machtstaat überhaupt aufhört und an seine Stelle ein wohlgegliedertes Werk der Philosophen tritt, eine Herrschaft der Sachverständigen auf jedem Gebiete und eine lediglich durch die Vernunft bewirkte Einigung dieser Sachverständigen, die dann von bestellten Organen in Rechtsbestimmungen übergeführt und von der endlich vernünftig gewordenen Menschheit gerne exekutiert wird."

Mai und Juni:

Die Wirkung der Friedensbedingungen auf Volk und Reichswehr, beginnende Entfremdung zwischen Noske und Lüttwitz

Mit den Friedensbedingungen vom 7. Mai forderten die Alliierten die Abtretung großer deutscher Gebiete. Oberschlesien, Posen und ein großer Teil Westpreußens sollten an Polen gehen, Polen Zugang zum Meer erhalten. Ostpreußen wurde auf diese Weise vom Reichsgebiet getrennt (!) und war leicht angreifbar geworden, eine sehr große Sorge der dort lebenden Bevölkerung. Polen - nach der dritten Teilung 1795 von der Karte Europas verschwunden - erhielt mit dem Vertrag von Versailles seine Existenz und Souveränität zurück. Elsass-Lothringen ging wieder an Frankreich, alle Kolonien waren abzutreten, und im Saargebiet sollte nach Ablauf von 15 Jahren die Bevölkerung selbst entscheiden, ob das Land zu Frankeich oder Deutschland gehören sollte. Bis dahin wurde es einem Völkerbunds Regime unterstellt. Mit den abzutretenden Gebieten verlor Deutschland 30% seiner Kohle- und 75%

seiner Erzvorkommen. Es musste 90% seiner Handelsflotte ausliefern und jährlich über die Dauer von zehn Jahren 40 Millionen Tonnen Kohle an Frankreich, Italien, Luxemburg und Belgien abgeben. (Winkler, 2005, S. 91) Das linksrheinische Deutschland – Frankreich hätte dieses Gebiet gerne vereinnahmt -sollte auf Dauer entmilitarisiert werden. Darüber hinaus wurde die Wehrpflicht abgeschafft, das Heer sollte auf 100 000, die Marine auf 15 000 Soldaten begrenzt werden. Deutschland durfte keine Luftwaffe und keine Unterseeboote halten, der Generalstab sollte aufgelöst werden.

Troeltsch (5. Juni 1919) gibt ein Stimmungsbild und versucht, die Wirrungen des Friedensvertrags nach innen zu beschreiben:

„Die Pfingsten, die jetzt hinter und liegen, waren die trübsten Pfingsten seit hundert Jahren, vielleicht die trübsten der deutschen Geschichte überhaupt. Die Bismarck'sche Reichsgründung ist vernichtet; von ihr ist höchstens die Einheit des deutschen Volkes und Staates geblieben, wenn es gelingt, diese wirklich aufrecht zu erhalten. Wie sie gestaltet und geordnet sein wird und wie sie sich wirtschaftlich aufrechterhalten kann, das vermag heute angesichts der Versailler >Friedensverhandlungen< kaum jemand zu sagen. Kaum verhüllte Fremdherrschaft und offene Versklavung von außen, Absperrung, Verstümmelung und Kontrolle einer isolierten deutschen Wirtschaft gegenüber der offenen

Weltwirtschaft der andern – rasende Zwietracht und hochverräterische Abfallsgelüste im Innern: das ist das drohende Ergebnis. Die Lage ähnelt der des Dreißigjährigen Krieges. Auch die Gebietsverluste und fremden Einflusssphären würden ganz den damaligen Kriegsfolgen entsprechen. (...) Ein Friede der Rache, des Betruges, der Gewalt und der verewigten Brandstiftung ist hier das Ergebnis, schlimmer als irgendeiner der Bisherigen großen europäischen Friedensschlüsse."

Dass nun 200 000 Offiziere und Mannschaften in wenigen Monaten entlassen werden müssten, führte zu großer Verbitterung und Unruhe im Heer. Am 23. Juni rief Noske einige hohe Offiziere zu sich, darunter auch Lüttwitz, um ihnen die Position der Regierung und die Notwendigkeit, die Friedensbedingungen anzunehmen, zu erklären und beruhigend auf sie einzuwirken. „Noske setzte die Zwangslage auseinander, in der er sich befunden habe. Aber Lüttwitz gibt ihm in eisiger Kälte als Antwort die Erklärung ab, dass das Offizierskorps nach dem, was geschehen sei, das Vertrauen zur Regierung völlig verloren habe. Es könne seine Dienste nur dann weiter zur Verfügung stellen, wenn es die Überzeugung gewinne, dass in Zukunft anders regiert werden würde als bisher. Die Truppe sei des matten Regierens müde und wolle von den ewigen Verhandlungen und Kompromissen mit den Unruhestiftern nichts mehr wissen. Allein von einer diktatorischen Regierung und von einem Kabinett tatkräftiger Männer, gleichgültig welcher Partei, sei die Beruhigung im Innern und damit schließlich die Rettung des Staates zu erwarten. Noske erwiderte, es könne der Truppe nicht zugestanden werden, in die Politik des Reiches einzugreifen. (...) Schließlich geht man mit kalter Höflichkeit auseinander.

Hinter dem äußeren Frieden und hinter den Versicherungen der Bereitwilligkeit zu weiterem Zusammenarbeiten verbirgt sich tiefes Misstrauen. Das Band, das bis zum 23. Juni Noske und das Offizierskorps zusammenhielt, hat sich gelockert." (Volkmann, S. 315)

Diese Auseinandersetzung begründete die Feindseligkeit zwischen Noske und Lüttwitz und die Kompromisslosigkeit, mit der beide auf ihren Standpunkten beharrten: Lüttwitz darauf, dass die Truppen nicht auf 100 000 Mann reduziert werden dürften, Noske auf der Durchsetzung dieser Forderung des Friedensvertrags und der zuerst zu erfolgenden Auflösung der Marinebrigaden. Diese Unvereinbarkeit der Positionen löste schließlich den sog. Putsch im März 1920 aus. Im Sommer 1919 brachte Ludendorff Kapp und Lüttwitz zusammen. Lüttwitz' Wort von einer „diktatorischen Regierung" klang gut in deren Ohren. Aber hatte Lüttwitz dies wirklich wörtlich so gemeint? Wie zuverlässig stand das Militär an der Seite der Regierung?

„Besonders schwer wog bei den Offizieren das Fehlen jeglicher Loyalität gegenüber der Republik aus Überzeugung. Sie erfüllten ihre Pflicht in der Auffassung, das Wohl des Vaterlandes verlange ihren weiteren Dienst. Nicht unbedingter Gehorsam gegenüber der demokratischen Regierung bestimmte ihr Verhalten, sondern die eigene politische Beurteilung der Lage." (Erger, S. 33) Ein militärisches Eingreifen in die Politik war bei dieser inneren Einstellung des Militärs theoretisch jederzeit möglich. Nach außen aber und von den Truppen verlangte die OHL „treue

Pflichterfüllung." Allerdings hatte die OHL auch Richtlinien für die deutsche Politik verfasst, mit Forderungen an die Regierung: „Durchführung des deutschen Einheitsstaates >Preußen muss Deutschland werden<, entschlossene Wiederherstellung der Staatsautorität und die Sanierung und Gesundung des Wirtschaftslebens." Die Reichswehr sei, so heißt es in dem Papier, ein „brauchbares Instrument" für die Regierung geworden, woraus die OHL die weitergehende Forderung ableitete, dass dieses Instrument nun „rücksichtslos eingesetzt werden" müsse, „um auf allen Gebieten des öffentlichen Lebens die Staatsautorität zu sichern und den Gesetzen Geltung zu verschaffen." (Schüddekopf, S. 96)

Die Friedensbedingungen empörten alle Bevölkerungskreise in der Republik, viele hofften auf Milderung der Bedingungen durch Nachverhandlungen, aber einige Politiker wie Erzberger, David, Noske und auch Teile der Militärführung sahen – im Gegensatz zu Scheidemann - keine Möglichkeit einer Verbesserung, sondern setzten sich für eine Annahme des Vertrages ein, denn sie fürchteten, dass die Alliierten ansonsten das Reich besetzen und die Lage nur verschlimmern würden. Es wurden dennoch Gegenvorschläge unterbreitet, die schließlich dazu führten, dass die Bevölkerung in Oberschlesien über ihre Zugehörigkeit zu Polen oder zu Deutschland abstimmen sollte. Das Kabinett entschied sich gegen die Position Scheidemanns und für die Annahme der Friedensbedingungen. Scheidemann trat zurück, sein Nachfolger wurde Gustav Bauer. Der Friedensvertrag wurde am 28. Juni 1919 in Versailles unterzeichnet, er trat am 10. Januar 1920 in Kraft.

Hindenburg legte den Oberbefehl in der Heeresleitung nieder, Reichswehrminister Gustav Noske übernahm nach der Auflösung der OHL den Oberbefehl über die neue Reichswehr. Oberst Walther Reinhardt, zuvor Preußischer Kriegsminister, wurde Chef der Heeresleitung im Rang eines Generalmajors und war damit Generalmajor Hans von Seeckt, dem Chef des Truppenamtes im Reichswehrministerium, vorgesetzt. Seeckt übernahm Anfang Juli die Führung des Generalstabs. Die absehbaren Spannungen zwischen Reinhardt und Seeckt beruhten auf ihrer jeweils sehr unterschiedlichen Einstellung zur Weimarer Republik. Der Württemberger Reinhardt forderte von den Truppen Loyalität gegenüber der Republik, der Preuße Seeckt stand ihr kritisch gegenüber. Beide, und besonders Noske, hatten sich mit dem General von Lüttwitz auseinanderzusetzen, der sich als Führer der Armee verstand und hohes Ansehen bei den Truppen hatte, woraus er ein starkes Selbstbewusstsein und Unabhängigkeit ableitete.

Juli und August:

Für und Wider einen Putsch

Nach und nach spitzte sich die Situation erneut zu, alte rechts-extreme Kräfte aus der inzwischen aufgelösten Deutschen Vaterlandspartei formierten sich wieder und machten sich auf, den „Feind im Inneren", wie sie es sahen, in die Enge zu treiben.

Troeltsch beschreibt in seinem Brief vom 25. Juli 1919 die rückwärtsgewandten und zerstörerischen Strömungen in der Gesellschaft, die früher von der Vaterlandspartei, jetzt von der Deutschnationalen Volkspartei (DNVP) befeuert wurden und von denen manche Universitätsrektoren, Studenten und auch Teile der protestantischen Kirche (der Kaiser war Oberhaupt der evangelischen Landeskirche gewesen) infiziert waren: „Alldeutsche und Vaterlandspartei, ihre ehemaligen Führer und Vertrauensmänner, der ganze Zusammenhang von damaliger Heeresleitung und machtpolitischer Ausnützung des Krieges: alles das kocht wieder auf gegen Flaumacher und Verzichtler, gegen schlappe Seelen und sentimentale Kleingläubige oder verräterische Pazifisten und Internationalisten. Es ist wieder wie nach den Tagen der Bethmannkrise und der ihr folgenden ungeheuren Verschärfung der Gegensätze. Nichts gelernt und nichts vergessen. Nur, da man dem Feinde nicht mehr an den Kragen kann, will man wenigstens den andersgläubigen Volksgenossen in die Knie zwingen, Rache an der Revolution und den Flaumachern, Rechtfertigung der alten Machthaber und Vorbereitung der neuen Wahlen. Mit derselben Starrköpfigkeit und derselben unbedenklichen Kurzsichtigkeit, mit der man auf einer von vornherein unmöglichen Kriegspolitik bestand, will man nun die inneren Verhältnisse von Grund auf verwirren und umstürzen, um der Rückkehr des Alten den Weg zu bereiten oder doch mindestens die alten Gegner in den gemeinsamen Untergang hineinzureißen. So ist der Kampf der Vaterlandspartei noch um neue Giftstoffe und neue Hassmotive bereichert, im Grunde aber ganz der gleiche wie ehedem. (...) Ein Teil der Universitäten wählt die schroffsten Kriegspublizisten zu Rektoren, die Studentenschaften sammeln sich in der Hauptmasse um ihre alten Verbindungen und deren Ideologien. Die protestantische Kirche Preußens bereitet sich darauf vor, zur konservativen Gegenburg gegen den Staat der Revolution zu werden. Kurz: die teils planmäßig gelegten, teils instinktiv hervorleuchtenden Grundlagen der Gegenrevolution werden sichtbar."

Hauptmann Waldemar Pabst, Chef des Stabes im Garde-Kavallerie-Schützenkorps, hatte kein Verständnis für die zögerliche Haltung der Militärspitze, gegen die Regierung vorzugehen und bot Noske am 5. Juli die militärische Unterstützung seines Korps an, wenn dieser die Regierung übernähme. Noske, dem die Umsturzüberlegungen des Korps schon früher nicht verborgen geblieben waren, ging nicht nur nicht auf Pabsts Aufforderung ein, sondern gab den Befehl, das Korps auf verschiedene Truppenbereiche aufzuteilen. Noske: „Bei dieser und jeder folgenden Anregung, eine von mir auszuübende Diktatur betreffend, habe ich den Projektmachern stets nachgewiesen, dass jeder Versuch, gegen den Willen des Volkes regieren zu wollen, todsicher zur Katastrophe führen müsse." (1920, S. 196) Pabst erteilte dennoch am 21. Juli einem Teil seiner Truppe den Befehl, gegen die Regierung nach Berlin zu marschieren. Die meuternden Mannschaften konnten im letzten Moment durch den herbeigeeilten Lüttwitz, unterstützt von den Generalen Maercker und von Hofmann, aufgehalten und zur Umkehr überredet werden. Das Korps wurde daraufhin, wie vorgesehen, auf Garnisonen im ganzen Land verteilt. Lüttwitz, der diesen Befehl unterstützte, sah später ein, dass er auf diese Weise eine ihm „unbedingt ergebene Truppe" und damit sich selbst wesentlich geschwächt hatte. Lüttwitz (S. 84): „Es gelang mir, das Garde-Kavallerie-Schützen-Korps von seinen Plänen einer Gegenrevolution abzubringen. Später habe ich mir oft die Frage vorgelegt, ob ich damit recht gehandelt habe. Das Korps war zu damaliger Zeit eine große Macht, alle anderen Truppenteile blickten mit einer gewissen Ehrfurcht zu ihm auf. Es war wohl möglich, dass sie sich, wenn sich Berlin in den Händen dieses Korps befand und die Regierung mattgesetzt war, der Bewegung angeschlossen hätten. Die mir unbedingt ergebene Truppe war damals sehr viel stärker als im März 1920 beim Kapp-Unternehmen, und vor allen Dingen standen an ihrer Spitze Männer, die absolut verlässliche Antirevolutionäre waren. Damals, Ende Juli 1919, hatte ich mich mit der Frage eines gegenrevolutionären Schrittes irgendwelcher Art noch zu wenig beschäftigt, es waren auch gar keine sonstigen Vorbereitungen dafür getroffen, und es mangelte schließlich vor allen Dingen an einem Recht dazu vor dem Volk, denn mit der Revolution vom November 1918, die Verrat und Verfassungsbruch war, hatte es sich abgefunden."

Am 8. Juli kam es zu einem Gespräch in Berlin zwischen General Otto von Below, General Friedrich von Loßberg, Wolfgang Kapp und Erich Ludendorff, der riet, mit einer Erhebung nicht in Ostpreußen, sondern in Berlin zu beginnen. Auch wenn wiederholt von einer Diktatur gesprochen wurde, so war doch das mittelfristige Ziel Ludendorffs und seines Kreises nicht die Erstellung einer militärischen Herrschaft, sondern einer starken demokratischen Führung, die vor allem den immer wieder aufflammenden Streiks ein Ende bereiten sollte. Das Hauptziel aber war und blieb, einige Bedingungen des Versailler Vertrages zurückzuweisen. Kapp, der seit längerer Zeit eine sehr vertrauensvolle Beziehung zu Ludendorff aufgebaut hatte, wurde seit diesem Tag in einigen militärischen Kreisen als zukünftiger, aus einem Putsch hervorgehender Reichskanzler gehandelt, von anderen Kommandeuren dagegen wegen seiner extrem rechten Auffassungen und seiner früheren Position in der Vaterlandspartei „als gänzlich ungeeignete Persönlichkeit", die niemals eine breite Akzeptanz in der Bevölkerung finden würde, strikt abgelehnt. Die von Ludendorff unterbreiteten Pläne scheiterten jedoch an dem später einbezogenen Lüttwitz, der einen Umsturz für nicht durchführbar hielt und zudem keine Rechtfertigung dafür sah.

Am 31. Juli 1919 wurde die Reichsverfassung verabschiedet, am 11. August von Friedrich Ebert unterzeichnet. Die Autoren dieser ersten deutschen Verfassung standen in der Tradition der Rechtswissenschaft der Bismarck-Zeit und suchten der Gefahr eines Übergewichts des Parlaments dadurch zu begegnen, dass sie folgende Elemente in die Verfassung einbauten: Wahl des Präsidenten durch das Volk, Gewährung eines fast uneingeschränkten präsidialen Rechts zur Parlamentsauflösung, Volksentscheid und Volksbegehren und Kompetenz des Präsidenten, den

Kanzler nach freiem Ermessen zu entlassen. Die Reichsfarben waren ab jetzt in Erinnerung an die frühe Idee der geeinten Republik (Hambacher Fest) Schwarz - Rot - Gold, was einen großen Protest im konservativen Lager und Ablehnung bei Teilen des Militärs, besonders der Marine hervorrief, die darauf bestand, bei den Farben Schwarz - Weiß – Rot zu bleiben.

Stresemanns Deutsche Volkspartei (DVP) und die sehr rechts-gerichtete Deutschnationale Volkspartei (DNVP) hatten die Zustimmung zu der Verfassung verweigert. Sie waren dem monarchischen Prinzip verschrieben, lehnten die neuen Reichsfarben ab und beklagten die ausschließlich dem Parlament übertragene Gesetzgebungsgewalt. Sie forderten unbedingt eine über den Parteien stehende staatliche Gewalt, was letztlich auf eine Monarchie herauslief. Dr. Düringer von der DNVP formulierte vor der Nationalversammlung: „Die Republik ist dem Deutschen wesensfremd: sie ist eine fremdländische Pflanze." (Stenographische Berichte der Nationalversammlung, Bd. 328, S. 2088)

Auch im Militär gab es große Vorbehalte gegenüber der neuen Verfassung. Selbst wenn sich manche hohen Offiziere in verschiedenen Äußerungen dafür einsetzten, dass das Heer nicht in politische Themen eingreifen solle, verfolgten sie dennoch das Ziel, eine über den Parteien stehende Regierung einzusetzen. „(...) wir brauchen eine Regierung, die über den Parteien steht und den Rechten wie den Linken die Köpfe blutig schlägt. Dazu ein festes starkes Heer. Meine ganzen Bestrebungen zielten und zielen darauf hin, dieses Instrument zu schaffen, ohne das nicht regiert werden kann." (Groener in einem Vortrag bei der OHL am 12. Juli 1919)

Am 9. August trat auf Betreiben der Sozialdemokraten und der Gewerkschaften das Betriebsrätegesetz in Kraft, durch das Unternehmen mit mehr als 20 Mitarbeitern Betriebsräte ernennen mussten, die über Einstellungen und Entlassungen von Mitarbeitern mitentscheiden sollten und das Recht hatten, bestimmte Auskünfte über die Geschäftslage der Firmen zu erhalten. Von der politischen Gegenseite wurde dies „organisierter Bolschewismus" genannt.

September bis Dezember:

Bündelung rechtsgerichteter Kräfte, aber divergierende Ziele zwischen Kapp und Lüttwitz

Die Lebensbedingungen waren nach wie vor schlecht, allenfalls ein wenig verbessert, der Arbeitswille etwas gewachsen, die politische Situation immer noch sehr instabil, mit wachsender Gefahr von rechts. Die Bevölkerung hoffte auf Verbesserung. Troeltsch (20. Oktober 1919)

nahm die Stimmung in der Bevölkerung auf, die eine Klärung und Entscheidung zwischen den widerstreitenden Kräften ungeduldig erwartete: „Es scheint, dass die Sorgen und Arbeiten wesentlich der inneren Politik gelten müssen. In der Tat ist das die Meinung der Durchschnittsmasse. Sie ist gegen alle Außenpolitik völlig gleichgültig und hoffnungslos, glaubt, dass es mit dieser überhaupt zuende sei und dass man Hoffnungen lediglich auf die sozialistischen Parteien der feindlichen Länder setzen dürfe. Mit dem Horizont der kleinen Leute und unter den Nachwirkungen der alles ertötenden Blockade (Englands Seeblockade, die nur verzögert beendet worden war, d. V.) denkt man nur mehr an die inneren Kämpfe, träumt von einem Entscheidungskampf zwischen Bolschewismus und Demokratie oder zwischen Sozialdemokratie und Zentrum oder zwischen Monarchie und Republik. Ernährungssorgen, rasende Preissteigerungen, Lohnbewegungen, Wohnungsmangel, Arbeitsschwierigkeiten tun das übrige, um den Blick beim Allernächsten festzuhalten. Und doch ist naturgemäß die Außenpolitik absolut entscheidend. Den immer neuen Vergewaltigungen und Daumenschrauben der Entente zu begegnen, eine internationale Ordnung des Kohlen-, Ernährungs- und Kreditwesens herbeizuführen, eine Solidarität Europas zu gewinnen, im Osten die Beziehungsmöglichkeiten der Zukunft zu erhalten, Deutsch-Österreich nicht völlig ersterben zu lassen, die Wilson'schen 14 Punkte nicht vergessen zu lassen: alles das sind in Wahrheit die Lebensfragen, von denen alle jene inneren Möglichkeiten schlechterdings entscheidend abhängen, und diese Lebensfragen würden eine kluge Politik fordern."

Das Militär hatte alle linksradikalen Aufstände niederge-schlagen und forderte nun zunehmend von der Regierung, noch mehr für die Wiederherstellung der Ordnung im Land zu unternehmen, damit die Wirtschaft produktiver werden könnte. In seinem Schreiben an Noske beschrieb Lüttwitz (S. 91) die Sorgen des Militärs, „dass die Regie-rung das Reich immer tiefer in das von den linksliberalen Parteien erstrebte wirtschaftliche und politische Chaos hineintreibt", und machte Vorschläge für ein entschlosse-nes Vorgehen: „(...) Unbedingtes Verbot politischer und wirtschaftlicher Streiks, großzügige Arbeitsbeschaffung und rücksichtslose Unterdrückung der Gegner der staatli-chen und wirtschaftlichen Ordnung."

Diese Stichworte waren in den Augen des Militärs die ge-eignete Antwort auf die immer wieder stattfindenden Streiks und Ausdruck der kategorischen Ablehnung der ständig von den Sozialisten vorgetragenen sozial- und wirtschaftspolitischen Forderungen.

Im Oktober 1919 wurde die *Nationale Vereinigung* von Erich Ludendorff, Waldemar Pabst und Wolfgang Kapp mit dem Ziel gegründet, den „Bolschewismus" zu bekämpfen und der möglichen Gefahr eines kommunistisch-bolsche-wistischen Bürgerkriegs vorzubeugen. Gordon schreibt (S. 98): „Dr. Kapp, ein überzeugter Monarchist, konnte dem neuen Regime keine gute Seite abgewinnen und befürch-tete, dass es zu schwach sei, um das Vordringen des Bol-schewismus nach Ostpreußen zu verhindern. Er hatte seit langem an eine Aktion gegen die Republik gedacht, wurde jedoch erst dann zum Handeln befähigt, als Lüttwitz, Ehrhardt und Pabst zu seinem Kreis stießen. In ihnen fand er Männer, die ihm die bewaffnete Macht zur Verfügung stellen konnten, derer er zu seinem Umsturzversuch bedurfte." Kapp wollte den Umsturz. Hatte er eine genaue Vorstellung von dem, was Lüttwitz wollte? Lüttwitz war nicht Mitglied der *Nationalen Vereinigung*.

Einer der wichtigsten Geldgeber für die *Nationale Vereinigung* war Hugo Stinnes. Die Vereinigung machte es sich zur Aufgabe, die Arbeit und Erkenntnisse verschiedener rechtsgerichteter Verbände zu koordinieren und alle „nationalen Kräfte" zusammenzufassen, besonders aber durch gezielte, oft sehr polemische Propaganda und Diffamierung einen Keil zwischen die Regierung und die Reichswehr zu treiben. Da die Regierung nicht einschritt und auch Hetzschriften strafrechtlich nicht verfolgte, wurde diese Schwäche rigoros ausgenutzt. Das mittelfristige Ziel dieser rechten Kräfte war, die Regierung und Nationalversammlung durch eine zeitlich begrenzt eingesetzte Diktatur zu ersetzen. Es sollten dann ein Fachminister-Kabinett zusammengestellt und ein neuer verfassungsgebender Reichstag gewählt werden, und man wollte die Forderungen des Versailler Vertrages lockern.

Kapp vertraute und musste auch ganz auf die Macht des Militärs vertrauen, wenn es um die durch einen Umsturz zu errichtende Diktatur ging. Erger (S. 99) sieht in diesem blinden Vertrauen ein Versäumnis: „Es ist bezeichnend für

Kapps politisches Denken, dass er eine politische Massenbewegung nicht als Voraussetzung für sein Unternehmen betrachtete. Er war kein Parteipolitiker, der um die Gunst des Volkes rang, sie durch Rede und Presse zu gewinnen suchte, sondern blieb der beamtenhaften Tradition verbunden. Die Richtlinien der Politik sollten nicht von der Zustimmung der Massen abhängen, sie waren für Kapp vielmehr ein Ergebnis von Sachverstand und objektiven Maßstäben. Er rechnete mit der Unterstützung durch die Reichswehr, die Beamtenschaft und die Rechtsparteien. Die zu erwartende Wirkung eines Militärputsches mit einer Regierung unter seiner Führung auf die Mehrheitsparteien, die Gewerkschaften und die Linksopposition beeinflusste seine Pläne nicht. Im Gegenteil, sein Unternehmen sollte der Abhängigkeit der Regierung von den Parteien ein Ende bereiten. Für ihn gehörte an die Spitze einer Regierung der politische Führer, der nicht von der Gunst der öffentlichen Meinung getragen wird, sondern dieser durch die Stärke seines Könnens und Wollens den Stempel seiner Überlegenheit aufzudrücken weiß. (...) Für Kapp hatte das parlamentarische System abgewirtschaftet, daher sollte die Parteienregierung durch eine vorläufige Diktatur ersetzt werden. Da er glaubte, die Bevölkerung werde ihn als Erlösung begrüßen, drängte er Lüttwitz seit dem Herbst 1919, ohne Rücksicht auf die Abmachungen mit den Truppenkommandeuren gegen die Regierung vorzugehen."

Kapp vertraute darauf, dass er wegen des hohen Ansehens des Generals von Lüttwitz bei der gesamten Reichswehr die Unterstützung der Truppen haben würde, sollte es zum Umsturz kommen. Auch wenn die Vorbereitungen auf einen Umsturz nicht unbemerkt bleiben konnten, mussten sie doch möglichst lange verborgen bleiben, und so konnte Kapp gar nicht als Parteipolitiker agieren und für seine Sache öffentlich werben, auch wenn er sich (anders als Erger meint) in diesem Metier sehr gut auskannte und mit den Erfordernissen bestens vertraut war. Nur die Medien konnten in diesen Monaten eine dem Putsch förderliche Stimmung in der Bevölkerung erzeugen und anwachsen lassen. Das geplante Unternehmen, das nicht wie eine demokratische Wahl vorbereitet werden konnte, sondern ein Überraschungsmoment enthalten musste, würde nur dann Erfolg haben, so war Kapp überzeugt, wenn die vorhandene Regierung bei Beginn des Umsturzes sofort festgesetzt und damit handlungsunfähig gemacht würde. Dies sei die Voraussetzung, um Loyalität im Beamtentum und Militär gegenüber der neuen Regierung zu sichern. Seit Juli 1919 zog er nach und nach Personen in seinen Kreis, die nach einem Putsch Regierungsaufgaben übernehmen sollten: Traugott von Jagow Innenminister, Paul Bang Finanzminister, Ulrich von Hassell, Schwiegersohn des Admirals von Tirpitz, Außenminister, Georg Wilhelm Schiele Wirtschaftsminister, Gottfried Traub Kultusminister und Conrad von Wangenheim Landwirtschaftsminister. Die rechtsgerichtete Presse unterstützte den Kreis um Kapp, Ludendorff, Pabst und andere nach Kräften, wobei Graf Westarp, der regelmäßig für das Ressort Innenpolitik der Kreuzzeitung schrieb, sich an dem Aufbau einer „Stimmung für die Anwendung von Gewalt" (Erger, S. 93) beteiligte.

Trotz der Nähe zu den in der *Nationalen Vereinigung* handelnden Personen und ihrer Zugehörigkeit zu der Deutschnationalen Volkspartei erhielt Kapp keine Unterstützung von dort (der Parteivorsitzende Oskar Hergt lehnte jede Beteiligung an einem Umsturzversuch ab) und auch nicht von der Deutschen Volkspartei unter Stresemann. Schon zu dieser Zeit wurden die wesentlichen Unterschiede zwischen Kapp und Lüttwitz in der Formulierung ihrer Ziele deutlich. Kapp wollte die Regierung stürzen und eine neue Verfassung verabschieden: „Eine Regierung, die sich grundsätzlich über die Parteien stellt, darf verlangen, dass man ihr gegenüber nicht von >rechts< und >links< spricht. Sie hat den großen Vorteil, dass ihr gegenüber alle Schlagworte entwertet und unpassend erscheinen, dass sie weder >reaktionär< noch >demagogisch< genannt werden kann, und dass damit, aber auch nur damit, die Möglichkeit eines Anfanges zur Entgiftung unserer öffentlichen Meinung geschaffen wird." (Kapp, Dokument 820)

Lüttwitz dagegen ging es darum, mit einem starken Heer die bestehende Regierung zu unterstützen, der Gefahr von Osten zu begegnen und die politischen und wirtschaftlichen Unruhen zu beenden. Konsequenterweise war sein Kernanliegen, den personellen Abbau des Heeres, wie im Versailler Vertrag gefordert, zu vermeiden. Er wollte die Regierung überzeugen, seine Forderungen zu erfüllen und war bereit, mit den Sozialdemokraten zusammenarbeiten. Für Kapp war ein Zusammengehen mit den Sozialdemokraten, die er für „Verbrecher und Vaterlandsverräter" (Verteidigungsschrift) hielt, undenkbar. Die Absichten von Kapp und Lüttwitz passten nicht zusammen, die Diskrepanzen wurden auch bis zum März 1920 nicht ausgeräumt. Kapp war notwendig auf das Militär angewiesen, und da Lüttwitz in seine Gedanken miteinbezog, dass er – sollte es zu einem Bruch mit der Regierung kommen – einen Politiker brauchte, der eine Regierung zusammenstellen konnte, gab es genügend gegenseitiges Interesse aneinander. Beide versprachen sich in dieser Situation von dem jeweils anderen eine verlässliche Unterstützung ihrer Ziele. Die Kontakte zwischen beiden waren jedoch recht selten, die Vereinbarungen eher vage, es gab keinen ausgefeilten und verbindlichen Plan, die Unterschiede beider Auffassungen wurden nie ausgeräumt und hätten auch nicht ausgeräumt werden können. Kapp hatte nicht wirklich tief genug verstanden, dass Lüttwitz nicht sicher für einen Putsch zu gewinnen war. Lüttwitz hatte einerseits einen Putsch wiederholt abgelehnt, andererseits aber eine Gewaltmaßnahme gegen die Regierung nicht ausgeschlossen, gelegentlich sogar laut darüber nachgedacht hatte. Wie würde er sich entscheiden, wenn es zum Schwur kommen würde?

Januar bis März 1920:

Der Friedensvertrag tritt in Kraft, Bruch zwischen Noske und Lüttwitz, Lüttwitz' erstes Ultimatum und die gewarnte Regierung

Am 10. Januar 1920 trat der Friedensvertrag in Kraft. Die geforderte Auslieferung der sog. Kriegsverbrecher und die Reduktion des Heeres auf 100 000 Mann waren die akut größten Streitpunkte mit enormer Wirkungskraft, vor allem in das Militär hinein. Diese Forderungen sollten auf keinen Fall erfüllt werden. Der Regierung gelang nach Verhandlungen mit Frankreich und England eine Regelung, welche die Auslieferung vermied und die Kriegsverbrecherfrage einem Sondergericht in Leipzig übertrug, wo sie dann nicht weiterverfolgt wurde. Dieser bedeutende Erfolg nahm den umsturzwilligen Rechten zunächst den Wind aus den Segeln. Aus der Bevölkerung kam keine Unterstützung für die Ablehnung einer Heeresverminderung, und die Regierung war vor allem daran interessiert, die aus entlassenen Soldaten gebildeten Freikorps aufzulösen, denn sie stellten eine Machtbasis der Rechtsextremisten und damit eine Gefahr für Ruhe und Stabilität dar. Die Freikorps waren Lüttwitz direkt unterstellt, er wurde „Vater der Freikorps" (Freksa, S. 162) genannt und wollte deren Auflösung auf gar keinen Fall akzeptieren. Der Konflikt war da.

Lüttwitz hatte zwei Beweggründe, die Freikorps zu erhalten: zunächst waren es „seine" Truppen, ohne die seine Macht stark eingeschränkt wäre. Ein tiefergehendes – ihn vor allem bestimmendes - Motiv aber war seine Sorge, dass es bald zu einem Konflikt zwischen Polen und Russland kommen würde, den Polen nicht gewinnen könnte. Danach stünde die Rote Armee an der Deutschen Grenze und würde den linksradikalen Kräften in Deutschland Auftrieb geben. Lüttwitz konnte eine Reduzierung des Heeres nicht akzeptieren. Noske sah dies völlig anders (1920 S. 203): „Mit dem Eigensinn des Alters hatte sich Lüttwitz in die Idee verbissen, in vaterländischem Interesse dürfe die Truppe nicht weiter verringert werden. Für ihn stand unumstößlich fest, dass die Russen im Frühjahr Polen angreifen und es überrennen würden. Dann sei bei fortschreitender Abrüstung Deutschland den bolschewistischen Armeen wehrlos ausgeliefert. Dass die Regierung weitere Truppenverbände gemäß dem Diktat der Alliierten auslöschen wollte, erschien ihm als Preisgabe des Vaterlandes. In diese Ansicht verrannt, wurde er zum Sturmbock noch schlimmerer Phantasten, des Kapp und seiner Verschworenen."

Für einen sozialdemokratischen Politiker wie Noske mögen Kapps Pläne „phantastisch" angemutet haben. Und tatsächlich, im Jahre 1920 das Regierungssystem Bismarcks wiederherstellen zu wollen, hatte unter dem Diktat der Friedensverhandlungen etwas sehr Unrealistisches, wie jeder Versuch, das Rad der Geschichte zurückzudrehen.

Der Widerstand wuchs. Kapp und Lüttwitz besprachen Umsturzpläne, gingen jedoch schon jetzt mit deren Geheimhaltung etwas lax um, was Johann-Georg von Dewitz, der Direktor des Pommerschen Landbundes in einem Brief an Ludendorff beklagte: „In dem Berliner Kreis, zu dem auch Ew. Exzellenz gehört, soll von einem gewissen Schneider zum Ausdruck gebracht worden sein, dass Geheimrat Kapp sich über den Zeitpunkt des Losschlagens im

März unvorsichtig geäußert habe. Diese Nachrichten beweisen jedenfalls das eine, dass von einer Geheimhaltung der Angelegenheit nicht mehr die Rede ist." (Erger, S. 126)

Seeckt wollte die Freikorps zügig auflösen, denn dort vermutete er die größte Bereitschaft zu einem Staatsstreich, und brachte Noske dazu, am 29. Februar die Auflösung der Brigade Ehrhardt zum 10. März anzuordnen. Diese Brigade war die schlagkräftigste Einheit der Reichswehr mit einer Stärke von etwa fünftausend Mann, die ihrem Anführer, Korvettenkapitän Hermann Ehrhardt – wie dieser seinem Chef Lüttwitz - mit unbedingtem Gehorsam ergeben waren. Unbeeindruckt von dem Auflösungsbefehl feierte die Brigade Ehrhardt am 1. März ihr einjähriges Bestehen. „Am 1. März feiert die Marinebrigade Ehrhardt ihr einjähriges Bestehen. Es wird ein Feldgottesdienst und eine Truppenparade auf dem Döberitzer Feld angesetzt, zu der General v. Lüttwitz eingeladen wird. Die Soldaten stampfen in schönster Ordnung durch den märkischen Sand, wie man es seit zweihundert Jahren hier gewohnt ist. Schwarzweißrote Fahnen und die Marineflagge flattern in strahlender Märzsonne, der mächtige Rhythmus altpreußischer Exerziermärsche dringt den Soldaten ins Blut. Irgendein Funke springt auf. Die Bataillone schwenken zum Karree zusammen. In der Mitte steht General v. Lüttwitz. Hell und scharf klingt seine Stimme. Soldatische Begeisterung glüht in seinem Gesicht. >Ich werde nicht dulden, dass mir eine solche Kerntruppe in so gewitterschwüler Zeit zerschlagen wird. <" (Volkmann, S. 338)

Angesichts des Auflösungsbefehls kam dies einer Revolte gleich und war eine deutliche Warnung an die Regierung und doch gleichzeitig eine in eine Einbahnstraße mündende Festlegung, die Lüttwitz nun gegenüber seinen Truppen ohne Ausweg fesselte. Lüttwitz' Stab jedoch stand nicht geschlossen hinter irgendwelchen Gewaltmaßnahmen. General Martin von Oldershausen und Lüttwitz' Schwiegersohn, Major Curt von Hammerstein, bemühten sich, Lüttwitz davon zu überzeugen, dass ein gewaltsames Eingreifen scheitern müsse. Sie forderten ihn auf, sich von Kapp zu trennen, der bei den Linken verhasst sei und auch von den rechten Parteien nicht unterstützt würde. „Er dürfe für etwa geplante Gewaltmaßnahmen gegen die Regierung nicht auf die Mitwirkung seiner Generalstabsoffiziere rechnen." (Volkmann, S. 338) Die Offiziere würden nur dann eine Aktion unterstützen, wenn entweder die Reichseinheit in Gefahr wäre, ein Vertrauensbruch vorliege oder die Frage der Auslieferung nicht zufriedenstellend gelöst würde. Parteien, Reichswehr und Einzelpersonen machten einen großen Unterschied zwischen der Zustimmung einerseits, mit der sie Lüttwitz bei seiner Ablehnung, die Truppen zu reduzieren, unterstützten und der sich verweigernden Haltung andererseits, wenn es um die Möglichkeit ging, gewaltsam vorzugehen. Es gab für sie keine Rechtfertigung für einen Aufstand, und sie sahen darin ein viel zu großes Risiko. Zunehmend wurde Lüttwitz bewusst, dass er zwischen Ludendorff und Kapp auf der einen und dem Kreis um Oldershausen und Hammerstein auf der anderen Seite stand und sich entscheiden musste. Lüttwitz musste einen Ausweg finden.

Am 4. März kam es zu einem Gespräch zwischen Lüttwitz, Hergt, dem Vorsitzenden der DNVP und Heinze, dem Fraktionsvorsitzenden der DVP, der Stresemann vertrat. Beide erläuterten Lüttwitz ihr Ziel, zügig Neuwahlen anzusetzen, die zu einer deutlichen Stärkung der Rechtsparteien führen würden. Auch sie wandten sich gegen eine Verkleinerung des Heeres, denn sie waren sich der bolschewistischen Gefahr bewusst. Die Regierung durch ein Ultimatum in die Enge zu treiben, lehnten sie jedoch vehement ab. Lüttwitz zeigte sich am Ende des Gespräches bereit, ultimative Forderungen zunächst nicht zu stellen. Wie aber sollte Noskes Anordnung zurückgenommen werden, wenn doch auch Reinhardt und Seeckt entschlossen waren, die Marinebrigaden wie angeordnet aufzulösen?

Am 7. März kamen Oldershausen, Reinhardt und Lüttwitz im Büro von Noske zusammen. Beide Seiten beharrten auf ihren jeweiligen Positionen. Seeckt und Noske entschieden daraufhin, Lüttwitz den Oberbefehl über die Brigade Ehrhardt zu entziehen und auf Vizeadmiral Adolf von Trotha zu übertragen.

Am 9. März verhandelte die Nationalversammlung über den Zeitpunkt der Wahlen, denn das Mandat der amtierenden Nationalversammlung war längst abgelaufen und der Termin immer wieder herausgeschoben, weil die Koalition fürchtete, abgewählt zu werden. Der von den rechten Parteien eingebrachte Antrag wurde niedergestimmt. (Könnemann, S. 128) Dieses Ergebnis wurde von den rechten Parteien als erneuter Verfassungsbruch angesehen, ein Punkt, der, wie wir sehen werden, später eine wichtige Rolle spielen wird.

Reichspräsident Ebert lud seinen Minister Noske und General von Lüttwitz am 10. März zu sich, der in Begleitung von Oldershausen und dem General Burghard von Oven war. Lüttwitz trug seine Forderungen nachdrücklich und gegen alle Absprachen jetzt doch in ultimativer Form vor: die Nationalversammlung sollte aufgelöst und Neuwahlen angesetzt werden, der Oberbefehl über die gesamte Reichswehr sei ihm, Lüttwitz, zu übertragen, vor allem aber sollten die Befehle, Heeresteile aufzulösen, zurückgenommen werden. Er forderte außerdem, einige Ministerien müssten durch Fachminister geleitet werden.

Ebert versuchte auszugleichen, und - auch wenn er das Ultimatum zurückwies - Lüttwitz mit dem Hinweis umzustimmen, dass Chancen bestünden, die Reichswehr bei einer Truppenstärke von 200 000 Mann zu belassen. Noske jedoch goss Öl in das Feuer, lehnte alle Forderungen brüsk ab, bestand darauf, dass Lüttwitz von dem Kommando über die Marinebrigade Ehrhardt bereits suspendiert sei und machte ihm deutlich, welchen Schaden ein Aufstand anrichten würde, nämlich nicht nur letztlich die Reichswehr zu zerstören, sondern auch einen Generalstreik zu verursachen. Noske 1920, S. 207: „Der Reichspräsident besprach sehr ruhig die politische Lage und ging auf die erörterten Personenfragen ein. Von mir wurde scharf betont, Forderungen habe kein General der Reichswehr zu stellen. Ein Pronunziamento (Proklamation, d. V.) der Offiziere werde schärfste Zurückweisung erfahren, wenn es versucht werden sollte. Befehle seien strikte zu befolgen. Daran knüpfte ich die Mitteilung, dass Lüttwitz die Verfügung über die Marinebrigaden entzogen sei. Auch die sonstige Truppenverminderung werde genau nach Vorschrift vorgenommen. Sehr nachdrücklich warnte ich vor dem Gedanken an einen Auflehnungsversuch, bei dem die Offiziere die Mannschaften keineswegs hinter sich hätten und der das Reich ruinieren würde. Lüttwitz war sichtlich betreten, meinte besonders, gegen den Reichspräsidenten und mich bestehe keine Abneigung, und beklagte es schließlich, dass ich so scharf zu ihm gesprochen hätte. Oldershausen hat mir später mitgeteilt, nachdem sie das Zimmer verlassen hätten, habe sein Chef ihm gesagt, er sei derartig mitgenommen, dass er sich sofort niederlegen müsse. Der Reichspräsident nahm an, Lüttwitz werde am nächsten Tag um seinen Abschied bitten."

Dieses niederschmetternde Ergebnis hatte Lüttwitz nicht erwartet, der den Vertretern der DNVP und DVP noch am 4. März versichert hatte, es werde nicht zu einem Konflikt mit Ebert kommen. Nun war die Frage: Rücktritt oder eine noch deutlichere Drohung, um doch noch einmal verhandeln zu können? Dieses erste Ultimatum war ein deutliches Zeichen dafür, dass Lüttwitz den mit Kapp verabredeten Putsch unbedingt vermeiden wollte und dringend hoffte, sein Ziel, die Truppenreduzierung zu vermeiden, durch das Gespräch erreichen zu können.

Warum Lüttwitz die nun folgende Aktion in seinem Bericht dennoch stets das „Kapp-Unternehmen" nennt, lässt sich aus dem Ablauf der Ereignisse nicht ableiten.

Noske beurlaubte Lüttwitz am folgenden Tag und erwartete, dass dieser seinen Abschied einreichen würde. Oldershausen, Reinhardt und Hammerstein, die Lüttwitz' Ehrauffassungen kannten, befürchteten dagegen, dass Lüttwitz nun doch gewaltsam vorgehen würde, wollten dies unbedingt verhindern und informierten mit einem Geheimtelegramm alle Wehrkreiskommandeure darüber, dass Lüttwitz beurlaubt sei. Sie warnten vor Gewaltmaßnahmen, die scheitern müssten, da die Regierung gewarnt und vorbereitet sei. Auch dürften die Verhandlungen mit der Entente nicht durch Unruhen gestört werden. (Könnemann, S. 128)

Noske erließ Haftbefehle gegen Kapp, Pabst und andere, von denen jedoch nur einige tatsächlich verhaftet wurden. Bei Pabst erschien ein Polizeibeamter, der ihm mitteilte, er müsse in einer Stunde verschwunden sein, Kapp wurde telefonisch gewarnt. Es war der 11. März. Lüttwitz (S. 117): „Nun blieb nichts anderes übrig als zu handeln. Nach den mit den Generalen getroffenen Vereinbarungen musste jetzt zu Druckmitteln auf die Regierung geschritten werden. Alle gütlichen Mittel und Vorstellungen waren erschöpft und ohne Wirkung geblieben. Die Gefahr der Armeeverminderung stand unmittelbar bevor, die Verschiebung, vielleicht sogar die Vereitelung der Reichstagswahl bedeutete eine Verletzung der Verfassung. Es mussten nun schärfere Schritte getan werden. Manche von den militärischen Führern hätten es zwar gewiss gern gesehen, wenn ich davon abgesehen hätte, aber vor den anderen und vor meinem Gewissen hätte ich nicht bestehen können, wenn ich nun nicht gehandelt hätte. Das musste sofort geschehen, solange ich noch Einfluss auf die

Armee und ihre Verminderung noch nicht begonnen hatte. Auf die Freiwilligenkorps, die zuerst aufgelöst werden sollten, stützte ich in erster Linie meine Hoffnungen."

13. März:

Der Marsch zum Brandenburger Tor - Lüttwitz' zweites
Ultimatum, Flucht der Regierung
Kapps Pläne waren vereitelt

Lüttwitz traf Ehrhardt auf dem Weg nach Döberitz, unter-
richtete ihn über die Situation nach seinem Gespräch mit
Ebert und Noske und fragte ihn, ob er noch an diesem
Abend (11. März) Berlin besetzen könne. Ehrhardt wollte
aber zunächst einige Erkundigungen zur Lage einholen
und seiner Mannschaft nach den Übungsmärschen der
vergangenen Tage Ruhe gönnen. Er versprach jedoch, am
Sonntagmorgen, dem 13. März, früh, vor dem Brandenburger Tor zu stehen. „Es wurde vereinbart, ich sollte um
6 Uhr an der Spitze meiner Brigade am Brandenburger Tor
stehen. Dort sollte ich weitere Befehle erhalten." (Freksa,
S. 175) Den Befehl, die Regierung festzunehmen, erteilte
Lüttwitz nicht.

Lüttwitz' und Ehrhardts Pläne blieben nicht geheim, alles
lief in voller Öffentlichkeit ab, so dass mehrmals von verschiedenen Personen der Versuch unternommen wurde,
Ehrhardt von seinen Absichten abzubringen. Erger (S. 139-
141) schildert eindrücklich die Begebenheiten in der

Nacht auf den 13. März: „Gegen 23 Uhr erfuhr das Reichswehrgruppenkommando von dem Abmarsch der Brigade. Die Generale v. Oven und v. Oldershausen begaben sich darauf sofort nach Döberitz, um Ehrhardt in letzter Minute von seinem Vorhaben abzuhalten. Als sie auf die Spitze der Brigade trafen, zwang man sie mit vorgehaltenen Pistolen zum Halten. Die Soldaten waren in einer geradezu feierlichen Stimmung. In vollkommen kriegsmäßiger Ordnung und den notwendigen Sicherungen wie beim Vormarsch in Feindesland marschierte die Brigade mit Sturmgepäck, wehenden schwarzweißroten Fahnen und Handgranaten im Koppel nach Berlin. Während die Generale auf ihrer Fahrt sorgenvoll nach einem Ausweg suchten, lag Ehrhardt in tiefem Schlaf in seinem Döberitzer Quartier. Er musste erst geweckt werden. Das Drängen der Offiziere, die Brigade zurückzurufen und doch nicht durch einen Misserfolg mit folgender Linksregierung alles bisher für die Armee Erreichte in Frage zu stellen, blieb ohne Erfolg. Ehrhardt erklärte, dass mit ihnen schon der dritte oder vierte General nach Döberitz gekommen sei, er werde den Befehl von Lüttwitz ausführen, und niemand könne ihn daran hindern." (Tatsächlich waren am 12. März bereits General Bernhard von Hülsen, Vizeadmiral Adolf von Trotha und Noskes enger Mitarbeiter Wilhelm Franz Canaris, der mit Pabst befreundet war, in Döberitz gewesen und hatten die Nachricht weitergegeben, nichts Auffälliges bemerkt zu haben.) „Erst als Oldershausen ehrenwörtlich versicherte, Reichswehr und Sicherheitspolizei würden Widerstand leisten und damit sei Blutvergießen unvermeidlich, war Ehrhardt schließlich bereit, seine Forderungen zu fixieren, um nochmals die Möglichkeit zu

Verhandlungen zu geben. Er nannte die bekannten Forderungen des Generals v. Lüttwitz und trug nun selbst ein Ultimatum vor: 1. Neuwahlen zum Reichstag. 2. Baldige Wahl des Reichspräsidenten durch das Volk. 3. Einsetzung von Fachministern. 4. Zurücknahme des Auflösungsbefehls. 5. Wiedereinsetzung des Generals v. Lüttwitz. 6. Straffreiheit für die Beteiligten. 7. Ein General statt Noske an die Spitze der Armee. Bei der fernmündlichen Durchgabe lehnte Noske sofort ab und verlangte die unmittelbare Rückkehr der Generale nach Berlin. Oven und Oldershausen bestanden jedoch darauf, über die Bedingungen mit Ebert zu verhandeln, und hielten eine Kabinettssitzung für dringend geboten. Bevor sie sich bei der Brigade von Ehrhardt trennten, erschienen Offiziere der Sicherheitspolizei mit der Meldung, weder Reichswehr noch ihre Einheiten würden Widerstand leisten. Ehrhardt war daraufhin nur noch bereit, bis 7 Uhr früh auf die Annahme seines Ultimatums zu warten, während er zunächst eine Frist bis 9 Uhr gegeben hatte."

Lüttwitz (S. 120) schreibt über Ehrhardts Ultimatum: „(...) ließ sich Ehrhardt leider auf Verhandlungen ein und sicherte zu, er werde nicht in Berlin einrücken, wenn die Regierung die von mir am 10. März gestellten Bedingungen erfüllen wolle. Das ist ein Zeichen, dass wir keinen Umsturz im Sinne hatten, denn Ehrhardt war über das, was ich vorhatte, genau unterrichtet."

Kapp und Lüttwitz hatten nach dem am 10. März fehlgeschlagenen Ultimatum das weitere Vorgehen besprochen.

Kapp berichtete in seinem Brief vom 20. August 1920 an Graf Westarp, er habe darauf gedrungen, „die gesamte Regierung Ebert in der Nacht vom 12. auf den 13. März zu verhaften." Noch am 12. abends hatte er sich von dem Befehl zur Festnehme der Regierung überzeugt. (Erger, S. 151) Aber Lüttwitz stand unter dem warnenden Einfluss seines Generalstabs. Und so setzte er seinen eigenen Weg fort.

Der Regierung, für die das Annehmen des Ultimatums nicht infrage kam, stellte sich jetzt die Frage, ob militärisch gegen die Brigade Ehrhardt vorgegangen werden, oder ob die Regierung Berlin verlassen und einen anderen, sicheren Ort aufsuchen sollte. Die Wirkung auf die Truppen wäre katastrophal, würde auf eine Einheit geschossen werden, hinter der Lüttwitz als einer der angesehensten Befehlshaber stand. Seeckt stellte gegenüber Noske klar: „Es kann doch keine Rede davon sein, dass man Reichswehr gegen Reichswehr kämpfen lässt. Truppe schießt nicht auf Truppe. Haben Sie, Herr Minister, etwa die Absicht, eine Schlacht vor dem Brandenburger Tor zu dulden zwischen Truppen, die vor eineinhalb Jahren Schulter an Schulter gegen den Feind gefochten haben? Wenn Reichswehr Reichswehr niederschlägt, dann ist alle Kameradschaft im Offizierskorps hin. Wenn das aber einträte, dann wäre die wahre Katastrophe, die mit so unendlicher Mühe am 9. November 1918 vermieden worden ist, erst richtig da." (Schüddekopf, S. 104)) Ebert und Bauer beriefen das Kabinett ein, das gegen vier Uhr früh zusammentrat. Ehrhardts Ultimatum wurde abgelehnt, man entschied sich gegen ein militärisches Eingreifen und beschloss, einen

Teil der Regierung nach Dresden zu verlegen, einen anderen in Berlin zu möglichen Verhandlungen mit Lüttwitz zurückzulassen. Wegen der Dauer bis zur Entscheidungsfindung lagen schließlich nur noch 10 Minuten zwischen der Abreise von Ebert, Bauer, Noske und Müller nach Dresden und dem Einrücken der Brigade Ehrhardt in das Regierungsviertel. Die mit Militärmärschen in Berlin einmarschierende Marinebrigade Ehrhardt wurde von zahlreichen Menschen mit Hochrufen und Schwarz-Weiß-Roten Fahnen begrüßt, jedoch war diese gehobene und unterstützende Stimmung nicht die der Mehrheit des Volkes.

Kapp hatte mit Lüttwitz vereinbart, dass ihm 14 Tage vor einem Aufstand der genaue Termin des militärischen Losschlagens mitgeteilt würde, damit er die erforderlichen Vorbereitungen durchführen könnte. (Könnemann, S. 523) Da dies nun - wegen des Ultimatums am 10. März - nicht geschehen war, gab es kein Kabinett, keine Vorkehrungen gegen einen möglichen Generalstreik und kaum Information für die Bevölkerung. (Kern, S. 6) Geradezu niederschmetternd aber war für Kapp, dass die Regierung entkommen war.

Wolfgang Kapp schrieb rückblickend am 20.8.1920 an Graf Westarp: (...) Es „standen mir die Machtmittel nicht zu Gebote, um zu verhindern, dass das März-Unternehmen in seiner ganzen Durchführung von Anfang an etwas ganz anderes geworden ist, als das, was ich persönlich für unser Volk damals gewollt und erhofft hatte. Es fing damit an, dass es durch Lüttwitz trotz meiner eindringlichen Warnung am 10. März in seiner Unterredung mit Ebert und

Noske diesen förmlich angekündigt wurde. Die Antwort war, dass Lüttwitz schon am nächsten Tage seines Amtes enthoben wurde und die bekannten Schutzhaftbefehle ergingen. Es folgten am Vorabend des Unternehmens ohne mein Wissen die Verhandlungen über eine Verständigung, die von den Generalen v. Oldershausen und v. Oven, im Einvernehmen mit der Regierung, Ehrhardt angeboten wurden. (...) Infolgedessen wurde meine Anordnung, die gesamte Regierung Ebert in der Nacht vom 12. zum 13. März zu verhaften, nicht ausgeführt, worauf ich mich fest verlassen hatte. Dadurch wurde der unglückselige Dualismus einer alten und einer neuen Regierung geschaffen, der den Anhängern der alten Regierung einen Sammelpunkt gab und allen unzuverlässigen Elementen und den sogenannten Mitläufern Zeit ließ, erst einmal die weitere Entwicklung der Ereignisse abzuwarten. Hier setzte auch der Gegenstoß der alten Regierung ein. Dieser Dualismus hatte auch zur weiteren Folge, dass von den militärischen Stellen immer wieder darauf gedrungen wurde, mit der alten Regierung zu verhandeln, um zwischen beiden Lagern eine Verständigung herbeizuführen. (...) So wurde statt zu handeln von Anfang an nur verhandelt. Dadurch wurde dem Unternehmen die Stoßkraft genommen. An ihre Stelle trat zerfahrene Unsicherheit, weil immer wieder die Ergebnisse schwebender Verhandlungen abgewartet wurden. (...)" (Kapp, Dokument 945)

Noch in der Nacht wurde der Pressechef der Reichskanzlei von den versammelten Ministern beauftragt, einen Aufruf zum Generalstreik zu formulieren. Noske 1947, S. 160/161: „Während der Nachtsitzung in der Reichskanzlei hat Rauscher einen Entwurf zu der Aufforderung zum Generalstreik niedergeschrieben und mir gezeigt. Er hatte mit Bleistift die Namen der Personen daruntergesetzt, die für die Unterzeichnung in Betracht kommen konnten. Eine Besprechung des Entwurfs hat in meiner Gegenwart nicht stattgefunden. Wann und mit wem die Veröffentlichung erörtert wurde, ist nebensächlich. Der Generalstreik hätte auch dann eingesetzt, wenn unter einer Aufforderung dazu die Namen der sozialdemokratischen Minister nicht gestanden hätten. Wer auch nur einigermaßen über die Stimmung der Arbeiterschaft unterrichtet war, musste sich darüber klar sein, dass mit jedem nur denkbaren Mittel versucht werden würde, eine   rechtsgerichtete Regierung, von einer Säbeldiktatur ganz zu schweigen, abzuwehren."

Zwar wurde dieser Text nicht von Ebert und den Ministern unterschrieben, sie wussten aber davon, und Reichskanzler Bauer hatte handschriftlich auf dem Textentwurf die Kostenübernahme für den Druck übernommen. Der Aufruf ging an die Presse. Es war dies ein weiterer Grund dafür, dass das Unternehmen bereits vor seinem Beginn gescheitert war, auch wenn der Aufruf bereits am kommenden Tag zurückgenommen wurde. Die Reichswehr, die sich stets gegen einen Generalstreik ausgesprochen hatte, überzeugte die Regierung mit ihrer Befürchtung, dass ein solcher Streik nur eine erneute Radikalisierung in der Bevölkerung bewirken würde. Diese Befürchtungen waren sehr berechtigt, denn linksradikale Kräfte bereiteten sofort große und gewaltsame Aufstände vor. Der Aufruf ließ

sich zwar zurücknehmen, die Streikbereitschaft der Gewerkschaften jedoch nicht, so dass der Generalstreik am
15. März ausbrach. Die USPD forderte die „Sozialistische
Diktatur". Im Ruhrgebiet kam es zu den ersten heftigen
Erhebungen.

Noske, (S. 161) beschreibt die besonders desolate Situation im Ruhrgebiet: „Im rheinischwestfälischen Industrie-
gebiet erhob Spartakus sich zu furchtbaren Taten. In Essen
erschien am 13. März ein von der Kommunistischen Partei
(Spartakusbund) unterzeichnetes Flugblatt, in dem stand:
>Die Ebert-Noske-Regierung ist gestürzt. Die Bourgeoisie,
auf deren Macht sich diese Regierung stützte, hat ihre
Handlanger zum Teufel gejagt! Arbeiter, Genossen, jetzt
gilt es, die Macht zu übernehmen! Organisiert eure
Macht! Wählt sofort in jedem Betrieb, in jeder Werkstatt
euren Arbeiterrat. Wählt nur Arbeiter, die auf dem Boden
der Diktatur des Proletariats stehen. Alle Macht den Ar-
beiterräten! <"

Lüttwitz hatte bis zuletzt gehofft, eine durch das Militär
unterstützte Drohung gegen die Regierung vermeiden zu
können und fest damit gerechnet, ein Entgegenkommen
zu bewirken - so selbstverständlich erschien ihm die Notwendigkeit, die Verteidigungsbereitschaft aufrecht zu erhalten. Sein abgewiesenes Ultimatum vom 10. März hatte
nun aber doch ein erneutes Aufbegehren erforderlich gemacht. Dass die Regierung nicht verhaftet wurde, bedeutete das (sich bereits am 10. März ankündigende) Ende
des Kapp'schen Teils des Unternehmens schon am frühen

Morgen des 13. März. Dies war für Kapp der größtmögliche Dämpfer. Für Lüttwitz dagegen ging die Rechnung auf. Ehrhardt berichtet darüber: „Mit dem Glockenschlag sieben erschien Exzellenz Lüttwitz. Sein Gesicht strahlte, als er mir mitteilte, die Regierung wäre geflohen. Reichswehr und Sicherheitspolizei Berlins hätten sich ihm unterstellt. Daraufhin erteilte er mir den Befehl, das Regierungsviertel, die Linden, Friedrichstraße und den ganzen Bezirk am Reichswehrministerium zu besetzen und unbedingt zu halten." (Freksa, S. 180) Ehrhardt gab den Befehl, bewaffnete Auseinandersetzungen mit den Truppen im Regierungsviertel auf jeden Fall zu vermeiden. (Erger, S. 151) Es sollte keine Gewalt angewendet werden.

„Sein Gesicht strahlte", diese Beobachtung weist darauf hin, dass Lüttwitz sehr erleichtert war, die Regierung nicht festnehmen lassen zu können, denn er wollte nicht den Umsturz, nur deutlich drohen, um schließlich doch noch einmal zu verhandeln. Auch wenn Lüttwitz in früheren Monaten eine Gewaltmaßnahme gegen die Regierung in Betracht gezogen haben mag, verwarf er jetzt diese Option. Der energische Einfluss seines Stabes und dessen warnende Argumente hatten ihre Wirkung nicht verfehlt. Lüttwitz hatte sich gegen den von Kapp erhofften Staatsstreich entschieden. Sein Ziel war nicht, die legale Regierung abzusetzen, sondern mit ihr zu verhandeln, um seine Forderungen durchzusetzen. Für Kapp dagegen gab es kein Verhandeln. Die Regierung hätte durch Verhaftung ausgeschaltet werden müssen, damit seine Ziele hätten verwirklicht werden können: Diktatur und eine neue Verfassung. Dieser Weg war nun versperrt. Am Bandenburger

Tor hatten sich neben Kapp auch Ludendorff, Pabst und andere versammelt.

Graf Westarp nennt in seinem Manuskript die Motive, die Kapp und Lüttwitz antrieben: „Der Grund aus dem Kapp und v. Lüttwitz ihren Vorstoß unternahmen, war die leidenschaftliche Gegnerschaft gegen das System, dem der Umsturz vom 9. 11. 1918 Deutschland ausgeliefert hatte, und die tiefe Sorge, dass dessen Träger und Nutznießer nicht fähig, auch nicht fest und klar entschlossen seien, das daraus hervorgegangene Elend zu meistern und die von außen und innen drohende Gefahr der bolschewistischen Revolution abzuwenden. Diese Besorgnisse steigerten sich zur Unerträglichkeit und veranlassten General v. Lüttwitz, durch seinen ultimativen Vorstoß vom 10. 3. 1920 das Unternehmen in Gang zu bringen. Unter Bruch der von ihnen selbst erlassenen Verfassung hatten die Träger des Systems die fälligen Wahlen, von denen sie eine Erschütterung ihrer parlamentarischen Machtstellung befürchteten, verzögert. Anstatt ferner die Herabsetzung auf 100 000 Mann hinauszuschieben, hatten sie Deutschlands Wehrlosigkeit und die Not und Unruhe der verdienten Frontkämpfer verstärkt, indem sie die Auflösung der Freikorps nicht nur zögernd und unter dem Druck der Entente, sondern von eigener Gegnerschaft und Furcht getrieben und beschleunigt ins Werk setzten. Kapp wollte, entsprechend den Grundauffassungen, die ihn leiteten, die Herrschaft der durch den Umsturz an die Macht gelangten Parteien insbesondere der Sozialdemokratie gewaltsam und endgültig brechen und durch eine nationale Diktatur ersetzen."

Kapp machte am 13. März trotz der Aussichtslosigkeit der Unternehmung zumindest seine Ziele in einem Aufruf bekannt, aus dem seine Sorgen um den Zustand des Reichs, die Bedrohung durch den Bolschewismus, die sich beschleunigende Inflation und die häufigen Streiks deutlich werden. Er wollte eine von Parteieninteresssen unabhängige Regierung:

„Aufruf des Reichskanzlers. Reich und Volk sind in schwerer Gefahr. Wir nähern uns mit rasender Geschwindigkeit dem vollkommenen Zusammenbruch des Staates und der Rechtsordnung. Das Volk fühlt nur dumpf das kommende Unheil. Die Preise steigen unaufhaltsam. Die Not wächst. Hungersnot droht. Korruption, Wucher, Schieberei und Verbrechen treten mit immer größerer Frechheit auf. Die autoritätslose, ohnmächtige und mit der Korruption verschwisterte Regierung ist nicht imstande, die Gefahr zu beschwören. Fort mit einer Regierung, in der ein Erzberger der führende Geist ist! Vom Osten droht uns Verwüstung und Vergewaltigung durch den kriegerischen Bolschewismus. Ist diese Regierung imstande, ihn abzuwehren? Wie entgehen wir dem äußeren und inneren Zusammenbruch? Nur indem wir eine starke Staatsgewalt wiederaufrichten. Welche Idee soll uns dabei leiten? Keine Reaktion, sondern nur freiheitliche Fortbildung des Deutschen Staates, Wiederherstellung der Ordnung und der Heiligkeit des Rechtes. Pflicht und Gewissen soll wieder in deutschen Landen regieren. Deutsche Ehre und Ehrlichkeit soll wiederhergestellt werden. Verfassungswidrig schiebt die Regierung die Wahlen bis in den Herbst hinaus. Statt die Verfassung zu hüten, die sie erst feierlich beschlossen hat, will eine herrschsüchtige Parteiregierung schon heute dem Volk das wichtige Grundrecht der Präsidentenwahl entziehen. Die Stunde der Rettung Deutschlands geht verloren; darum bleibt kein anderes Mittel übrig als eine Regierung der Tat."

Der Aufruf nennt im weiteren die Aufgaben, die sich die neue Regierung stellt, hier einige der Hauptpunkte: den „Friedensvertrag unter Wahrung der Ehre des deutschen Volkes" ausführen, die Finanz- und Steuerhoheit den Bundesstaaten zurückgeben, die Rückzahlung der Kriegsanleihen einleiten, Streiks und Sabotage rücksichtslos unterdrücken, die deutschen Arbeiter „vor dem harten Schicksal der internationalen Verknechtung unter das Großkapital behüten", „ein Heimstätten-Gesetz für Stadt und Land einbringen, welches jedem Deutschen den Zugang zum Grundeigentum und zum Eigentum überhaupt erleichtert", für die Beamten, Kriegsbeschädigten und Soldaten nachdrücklich sorgen und die „nationale und religiöse Erziehung wiederherstellen. Wir sind stark genug, unsere Regierung nicht mit Verhaftungen und anderen Gewaltmaßregeln zu beginnen. Aber wir werden jede Auflehnung gegen die neue Ordnung mit schonungsloser Entschlossenheit niederschlagen. Wir werden regieren nicht nach Theorien, sondern nach den praktischen Bedürfnissen des Staates und des Volkes in seiner Gesamtheit. Nach bester deutscher Überlieferung hat der Staat über allem Kampf der Berufsstände und der Parteien zu stehen. Er ist der unparteiische Richter in dem gegenwärtigen Kampf zwischen Kapital und Arbeit. Jede Klassenbevorzugung, sei es nach rechts oder nach links, lehnen wir ab. Wir kennen nur deutsche Staatsbürger. Jeder deutsche Staatsbürger, der in dieser schweren Stunde dem Vaterlande gibt, was des

Vaterlandes ist, kann auf uns bauen. Tue jeder seine Pflicht! Heute ist Arbeit die vornehmste Pflicht für jedermann. Deutschland soll sein eine sittliche Arbeitsgemeinschaft! Die Farben der Deutschen Republik sind Schwarz-Weiß-Rot! Der Reichskanzler Kapp" (Kapp, Dokument 830)

Kapp wusste, dass seine Sache, sein politisches Anliegen, verloren waren und schreibt selbst: „Abgesehen von der Veröffentlichung des großen Aufrufes, der über die politischen, wirtschaftlichen und finanziellen Ziele des Unternehmens Aufschluss gab, ist die politische Stelle gar nicht zum Handeln gekommen." (Dokument 845)

Dennoch bedrängte Kapp Lüttwitz, alles zu versuchen, um die geflohene Regierung doch noch festzusetzen. Lüttwitz nahm Kontakt auf zu General Georg Maercker, dem Wehrkreiskommandeur in Dresden, und gab ihm den Befehl, die Mitglieder der alten Regierung zu verhaften. Als Maercker Ebert und die Minister in Schutzhaft nehmen wollte, wurde ihm erklärt, dass Lüttwitz bereits am 11. März von seinem Dienst enthoben worden sei. Daraufhin behielten die Mitglieder der alten Regierung ihre uneingeschränkte Bewegungsfreiheit. Die Regierungsmitglieder trauten dem General aber nicht wirklich und so reisten sie noch am 13. März weiter nach Stuttgart, wo Generalleutnant Walter von Bergmann der Regierung und den Mitgliedern der Nationalversammlung den Schutz durch seine Truppen garantierte. (Erger, S. 172)

Auf der Seite der legalen Regierung arbeitete besonders aktiv der Reichsinnenminister Erich Koch-Weser, der bereits am 13. März die Nationalversammlung nach Stuttgart einberufen ließ und sich vergewissern konnte, dass alle Länderregierungen zu der alten Regierung standen. Er sorgte dafür, dass die Beamten: „euch bindet nicht nur die politische Einsicht, sondern auch der Eid auf die Verfassung" und die Reichswehr ermahnt wurden, sich auf die Seite der Regierung Bauer zu stellen: „niemand mache sich mitschuldig an diesem verbrecherischen Wahnsinn! Haltet euch treu zu der allein rechtmäßigen Regierung. Befolgt ihre Befehle mit strengster Gewissenhaftigkeit und weist jeden Versuch, euch zu Eidbruch und Hochverrat zu verleiten, mit Entrüstung zurück.". Das Finanzministerium und die Reichshauptkasse wurden angewiesen, der neuen Regierung keinerlei Finanzmittel zur Verfügung zu stellen: „Zahlungen der verfassungswidrigen Kapp-Regierung sind als ungesetzlich zu behandeln und nicht zu befolgen. Zuwiderhandelnde Beamte werden regresspflichtig gemacht. Ebert und Bauer." (Brammer, S. 11) Diese Anweisung wurde strikt befolgt, es kam zu keinen Auszahlungen.

Das Heer befand sich in dem Konflikt zwischen der Beachtung der Befehle von der neuen und dem Eid auf die legale Regierung, besonders weil sie letzterer im Grunde reserviert gegenüberstanden oder sie sogar ablehnten. Das Offizierskorps entschied sich zugunsten der Loyalität zur legalen Regierung. Oberst Hans von Feldmann nahm hierzu bereits am 13. März in einer Rede Stellung (Könnemann, S. 147):

„Meine Herren! Nach meiner Überzeugung konnte etwas Törichteres als diese Sache nicht gemacht werden; denn sie war nicht nötig. Wenn man auf dem Standpunkt steht und das bleibt jedem überlassen, dass die jetzigen Verhältnisse uns nicht vorwärtsbringen und der Änderung bedürfen, so haben bisher doch auch die Oppositionsparteien immer den Standpunkt vertreten, dass die notwendige Änderung auf gesetzmäßigem Wege erfolgen müsse. Diese Änderungen waren nach meiner Ansicht im ruhigen und glatten Fortschreiten. Ich bin fest überzeugt, dass die nächsten Wahlen uns einen ganz erheblichen Ruck nach rechts gebracht hätten, jedenfalls aber eine Änderung der Regierungsmehrheit ergeben hätten. Ob sich diese gesetzmäßige Änderung im September oder Dezember vollzogen hätte, ist nach meinem Geschmack völlig egal, zumal die Karre ja nicht abwärtsging, sondern die Arbeitslust beim Volke und das Ansehen Deutschlands nach Außen im Steigen begriffen war. Ich halte auch den Zeitpunkt dieser Bewegung für außerordentlich ungeschickt gewählt, denn die schwersten Monate bezüglich der Ernährung stehen uns jetzt erst bevor. Warum nimmt man der bisherigen Regierung die Verantwortung dafür und belegt sich selbst mit dieser schweren Verantwortung. Das ist schon deshalb unklug, weil die Gegenseite nunmehr sagen wird, so schlimm wäre es nie geworden, wenn ihr den Putsch nicht gemacht hättet. Neue Leidenschaften werden aufgewühlt werden, Deutschland kommt in neuen Misskredit. Besonders schwierig ist die Frage für den aktiven Soldaten. Er hat den Eid auf die Verfassung geleistet und geschworen, die gesetzmäßigen Einrichtungen zu schützen und den Befehlen des Reichspräsidenten zu gehorchen. Ich denke meines Eides eingedenk zu bleiben und ihn nicht zu betrachten als etwas, was ich nur im Zwange der Not getan habe. Ich gedenke also, jeder Weisung des Reichspräsidenten, falls er solche geben sollte, zu gehorchen. Das wird zur Folge haben, dass ich meiner Stellung enthoben werde. Daran kann ich nichts ändern. Ich stehe auf dem Standpunkt, dass, wenn das Offizierskorps, das bei der vorigen Revolution nicht in der Lage war, sich für den Obersten Kriegsherrn einzusetzen, auch jetzt zum zweitenmal seinem Eide entgegenhandelt, es sich um den letzten Rest von Achtung dem Volk gegenüber bringen wird."

14. März:

Generalstreik, Aufstände von Links, abwartende Haltung im Beamtentum und Militär, Rücktrittsgedanken

Teile der Beamtenschaft und des Heeres nahmen eine abwartende Haltung ein, und sehr schnell kam auf die neue Regierung gewaltiger Gegenwind von allen Kräften zu, die den Sozialismus oder sogar den Kommunismus als ihr Ziel verfolgten. Linksparteien und Gewerkschaften mobilisierten ihre Anhängerschaft und malten eine drohende Gewaltherrschaft der neuen Regierung an die Wand. Es entstand nun in Deutschland eine sehr gefährliche Situation, in der die linken Gruppierungen ihren Vorteil suchten und hofften, mit ihren eigenen gesellschaftsumwälzenden Plänen weiterzukommen. Das „Ruhrecho" - Zitat bei Noske (1947, S. 161) - das sich als USPD-Blatt bezeichnete, schrieb am 14. 3.: „In ganz Deutschland muss die rote Fahne siegreich wehen, Deutschland muss Räterepublik werden und im Verein mit Russland eine sichere Bürgschaft für den nahen Sieg der Weltrevolution, für eine nahe Verwirklichung des Weltsozialismus werden." Aus dem Abwehrkampf der Arbeiter gegen Kapp wurde eine bewaffnete Erhebung, die in kürzester Frist einen riesigen Umfang annahm. Als Folge des Generalstreiks wurde der Eisenbahnverkehr eingestellt, in Berlin kam es zur Sperrung von Wasser, Licht und Gas. Bald fehlte es an Lebensmitteln.

Auch von den rechtsgerichteten Parteien und von der Beamtenschaft kam keine aktive Unterstützung. Hugo Garnich von der DVP stellte Kapp gegenüber klar: „Die Absichten der Regierung werden nicht nach ihren Erklärungen, sondern nach den Männern beurteilt werden, die hinter ihnen stehen. Wenn aber bisher nur Namen wie Kapp, Jagow, Schiele, Traub bekannt geworden sind, und nun noch der Name Wangenheim dazu kommen soll, dann mag die Regierung noch so schöne Worte machen, das Volk wird nur Reaktionäre in den neuen Männern des Kabinetts sehen und kein Vertrauen zur neuen Regierung haben." (Erger S. 165)

Vor allem die Länder Württemberg, Baden und Hessen stellten sich eindeutig auf die Seite der legalen Regierung. In einer Erklärung der badischen Regierung wurde von einer „Diktatur der Ultrareaktionäre, dem süddeutschen Volksempfinden fremder norddeutscher Konservativer" gesprochen. (Erger, S. 246) In Bayern war die Situation unübersichtlich. In München trat die bayerische Regierung unter dem Druck der Freikorps und Teilen der Reichswehr zurück. Regierungspräsident Gustav von Kahr bildete eine neue Regierung, die jedoch nicht mit Kapp und Lüttwitz, sondern nur mit der alten Regierung arbeiten wollte.

In Berlin überbrachten der Minister Rudolf Oeser und der preußische Finanzminister Albert Südekum Kapp das Ultimatum der Eisenbahnergewerkschaft, zurückzutreten, andernfalls würden die Eisenbahner streiken. Dies alles bewirkte eine sehr niedergeschlagene Stimmung bei Kapp und seinen Mitstreitern. „Der Admiral v. Trotha hat angegeben: In der Reichskanzlei herrschte ein fürchterliches Durcheinander. Am 14. März fand im Anschluss an die Unterredung, welche die Minister Oeser, Südekum und der Abgeordnete Dominicus mit Kapp und Lüttwitz betreffend die Gefahr eines Eisenbahnerstreiks gehabt hatten, eine Kabinettssitzung statt, an der Kapp, Lüttwitz, Bauer, v. Falkenhausen, Schiele, Doyé, Traub, v. Wangenheim, v. Jagow und der Admiral v. Trotha sowie besuchsweise Ludendorff teilgenommen haben. Im Verlaufe dieser Sitzung hat sich v. Falkenhausen in längerer Rede dahin ausgesprochen, dass er nunmehr einsehe, dass das Unternehmen zum Misslingen verurteilt sei. Wie v. Trotha bekundet hat, hat v. Falkenhausen die Wendung gebraucht: schon gestern sei er sich darüber klar gewesen, dass unter den 100 Karten dieses Spiels sich höchstens eine Glückskarte befunden hätte, heute wisse er, dass auch diese verspielt sei. Er sprach sich für den Rücktritt Kapps aus, blieb aber mit seiner Ansicht allein." (Anklageschrift des Oberreichs-anwalts vom 11. Juli 1921, Nachlass Kapp, Dokument 852)

Kapp dachte auch an diesem zweiten Tag des Unterneh-mens an den Rücktritt, entschied sich dann aber doch für eine Weiterarbeit mit dem Ziel, Lüttwitz dabei zu unter-stützen, möglichst viele Zugeständnisse von der alten Re-gierung zu erhalten. Es ging aber doch bereits jetzt, am zweiten Tag um die Frage, ob durch einen Rücktritt Kapps das Ganze auch offiziell auf das ausgerichtet werden könnte, was es im Grunde von vornherein gewesen war, nämlich auf einen Konflikt ausschließlich zwischen Lütt-witz und der Regierung. In diesem Sinne verhandelte Ge-neral Maercker, der Lüttwitz andeutete, dass Kapps Rück-tritt den Weg für eine Einigung mit der Regierung über seine ursprünglichen Forderungen ebnen könnte.

15. März:

Die Reichswehr macht Druck

Von der Reichswehr, die sich einerseits distanzierte, an-derseits aber mit dem Unternehmen sympathisierte und daher auf erfolgreiche Verhandlungen hoffte, war keine aktive Unterstützung zu erwarten.

Auch die Beamten, auf die Kapp gedacht hatte, sich verlassen zu können, unterstützten die neue „Regierung" nicht, sondern beriefen sich auf den von ihnen geleisteten Eid. Sie waren bereit, ihre Aufgaben weiterhin wahrzunehmen, jedoch keinesfalls Anordnungen der neuen Regierung auszuführen, da sie von dem Erfolg des Unternehmens nicht überzeugt waren und die weitere Entwicklung abwarten wollten. Auch hier zeigte sich, wie vernichtend das Entkommen der alten Regierung für Kapps Pläne war.

Die Rechtsparteien stellten sich erwartungsgemäß nicht auf die Seite der alten Regierung, sie gaben aber auch Kapp keine aktive Unterstützung. Dies war für Kapp umso schmerzlicher, als fast alle seine Mitstreiter Mitglieder der von ihm mit anderen gegründeten DNVP waren. Die DVP unter Stresemann war personell nicht an dem Umsturz beteiligt. Stresemann selbst aber bemühte sich intensiv um einen Ausgleich zwischen den beiden Regierungen.

Man kam erneut mit General Maercker zusammen. Da die Nachrichten zeigten, dass Kapp isoliert war, konnte sich Lüttwitz ausschließlich auf die Dursetzung seiner eigenen Forderungen konzentrieren. Kapp, dem von Beginn an klar war, dass seine politischen Vorhaben unerreichbar waren, willigte ein, zurückzutreten. Es ging nur noch darum, einen vorzeitigen Eindruck nach außen, das Unternehmen sei gescheitert, zu vermeiden. Maercker wurden jetzt die Bedingungen für eine Rückkehr zur Normalität mitgeteilt, die er in Stuttgart vertreten sollte. „1. Neuwahlen innerhalb der nächsten zwei Monate im Reich und in Preußen;

2. Die Wahl des Reichspräsidenten durch das Volk innerhalb des gleichen Zeitraums; 3. Personalunion zwischen Reichskanzler und preußischem Ministerpräsidenten; 4. Die Bildung von Fachkabinetten in der Weise, dass lediglich Fachkenntnis bei der Auswahl der Minister ausschlaggebend sein sollte; 5. Schaffung einer zweiten Kammer im Reich durch Ausbau des Betriebsrätegesetzes zu einer berufsständischen Kammer; 6. Amnestie für alle politischen Vergehen seit dem 9. November 1918 für rechts und links; 7. Die Regierung Ebert soll anerkennen, dass die Armee und die beteiligten Zivilpersonen am 13. März 1920 lediglich zur Aufrechterhaltung der Verfassung eingegriffen haben; 8. Gemeinsame öffentliche Verurteilung des Generalstreiks und Aufruf zur Wiederaufnahme der Arbeit." (Jansen, S. 34)

Es fehlte die Forderung der Verschiebung der Truppenreduzierung, die Lüttwitz, der sich ein Scheitern nicht eingestehen konnte, in seinem Buch jedoch unverändert als eine der Bedingungen aufführt. (S. 131)

Punkt 7 der Vereinbarung wurde später in den Gerichtsverfahren zu einem wesentlichen Aspekt der Verteidigung und war letztlich der Grund dafür, dass bis auf Traugott von Jagow keiner der Beteiligten verurteilt wurde. Als einziger Minister der „Kapp-Regierung" war Jagow als Innenminister aktiv geworden.

Die legale Regierung war (noch) nicht bereit, diese Bedingungen zu akzeptieren, sondern formulierte Gegenforderungen.

Am Abend sandte das Auswärtige Amt, in dem die Beamten der legalen Regierung nach wie vor handlungsfähig waren, folgenden „Runderlass des Reichsministers des Auswärtigen" als Telegramm an sämtliche deutsche Botschaften und Gesandtschaften in Europa (Akten zur Auswärtigen Politik 1918-1945): „Berlin zurzeit in Händen der Putschisten. Gegenaktion durch Streiks, namentlich der Eisenbahnen, in allen Teilen Deutschlands im Gange. Außer in Ostpreußen scheint die Regierung Kapp nirgends größere Anzahl von Anhängern zu haben. Nur ein Teil des Militärs (Baltikumtruppe, Freikorps) steht auf ihrer Seite. Sächsische, württembergische, badische und hessische Regierung auf Seiten der Reichsregierung. Lage in München ungeklärt, aber ruhig. Reichspräsident und Reichsregierung zurzeit Stuttgart. Verhandlungen zwischen Kapp und Reichsregierung im Gange auf der Grundlage Rücktritt Kapp und seiner militärischen Parteigänger einerseits und Abblasen des Generalstreiks andererseits. Einlenken Kapps wahrscheinlich. Falls Verhandlungen nicht in kürzester Zeit zum Ziele führen, besteht die Gefahr, dass Unabhängige die Situation rücksichtslos ausnutzen. i.A. H. (Haniel)"

Kürzer und zugleich präziser ließ sich die Lage an diesem Tag und der Ausblick auf das Ende des Unternehmens kaum beschreiben.

16. März:

Verhandlungen mit Lüttwitz, Missstimmung zwischen Stuttgart und Berlin

Die von Maercker überbrachten Forderungen aus Berlin und die Gegenforderungen der legalen Regierung in Stuttgart mussten nun zu einem Kompromiss führen, für den sich besonders Vizekanzler Eugen Schiffer einsetzte, der in Berlin geblieben und dort die übergeordnete Verhandlungsinstanz war. Der „Putsch" musste schnell und „gütlich" beendet werden, denn alle fürchteten die politischen und wirtschaftlichen Konsequenzen des Generalstreiks, der selbst schnellstmöglich – und zwar wieder mit Hilfe des Militärs - eingedämmt werden musste. Die legale Regierung in Stuttgart, die zu dieser Erkenntnis noch nicht gekommen war, da sie die Situation aus dem friedlichen Württemberg und nicht aus dem brodelnden Berlin heraus beurteilte, nahm eine deutlich härtere Position ein als die Berliner Gruppe um Schiffer und lehnte jeden Kompromiss und vor allem eine Amnestie ab. Schiffer argumentierte, es müsse ein Ausgleich gefunden werden, alles andere sei zu gefährlich.

Am Abend kamen Schiffer und seine Gruppe mit Major Pabst zusammen, um über die Beendigung des Unternehmens zu verhandeln. Nach lang andauernden Diskussionen kam es zu folgender Einigung: „Kapp tritt zurück. Lüttwitz legt den Oberbefehl nieder; die Reichsregierung ernennt einen anderen Oberbefehlshaber. Der Stellvertreter des Reichskanzlers wird gegenüber den maßgebenden

Stellen folgende Vorschläge machen: Der Nationalversammlung wird anempfohlen, sich längstens 4 Wochen nach ihrem Zusammentreten aufzulösen; Wahl des Reichspräsidenten durch das Volk; schleunigste Umbildung des Kabinetts. Der Reichsminister der Justiz wird sich bei der Nationalversammlung dafür einsetzen, dass eine allgemeine Amnestie erfolgt." (Erger, S. 260) Kapp und Lüttwitz lehnten ab. Nun musste die Reichswehr handeln, die wie Schiffer überzeugt war, dass das Unternehmen beendet werden müsse, wenn man die Gefahren von Links, vom Generalstreik unterstützt, eindämmen wollte.

17. März:

Das Militär fordert die Einigung. Ende des März-Unternehmens

Die Truppen in Süd- und Westdeutschland hatten sich eindeutig zu der legalen Regierung bekannt. Im Ruhrgebiet aber fanden bewaffnete Aufstände gegen das Militär mit der Verhaftung von Offizieren und Entwaffnung von Truppenteilen statt. In Berlin verweigerte die Sicherheitspolizei die Unterstützung des Unternehmens und forderte, wie auch mehrere Offiziere der Reichswehr, den Rücktritt von Kapp. Jetzt war Lüttwitz bereit, Kapp zum Rücktritt zu bewegen. Zu der angesetzten Besprechung holte er auch

Ludendorff hinzu, der bislang an der Seite Kapps gestanden hatte. In dieser Besprechung erklärten der Kommandeur der Sicherheitspolizei und mehrere Kommandeure der Reichswehr ihre Loyalität zu der legalen Regierung und forderten Kapps Rücktritt. Darauf war Kapp im Grunde schon seit dem 13. März vorbereitet. Die Rücktrittserklärung lautete (Brammer, S. 36 und Könnemann, S. 254)): „Nachdem die Regierung Bauer sich entschlossen hat, die wesentlichen politischen Forderungen, deren Ablehnung am 13. März 1920 zur Einsetzung der Regierung Kapp führte, von sich aus zu erfüllen, sieht der Reichskanzler Kapp seine Mission als erfüllt an und tritt zurück, indem er die vollziehende Gewalt dem Militäroberbefehlshaber zurückgibt. Er lässt sich dabei von der Überzeugung leiten, dass die äußerste Not des Vaterlandes den einheitlichen Zusammenschluss aller gegen die vernichtende Gefahr des Bolschewismus verlangt." Die Einigung, die am Vorabend abgelehnt worden war, kam jetzt zustande.

Nach Kapps Rücktritt war das Unternehmen nun auch formal das, was es im Grunde von Beginn an gewesen war, nämlich Lüttwitz' Forderung nach Verhandlungen. Und dennoch: Lüttwitz, der noch immer die Truppenreduzierung verhindern wollte und – obwohl abgesetzt - die Truppen noch immer loyal hinter sich vermutete, meinte jetzt sogar einen Moment lang, er könnte seine Verhandlungsposition durch die Drohung stärken, eine Militärdiktatur zu errichten. Er reagierte empört auf den von Ludendorff unterstützten Appell einer Offiziersdelegation, er möge, da das Unternehmen gescheitert sei, ebenfalls zurücktreten. Er musste jedoch einsehen, dass die Truppen nicht mehr hinter ihm standen und auch sein Rücktritt unvermeidbar war. Lüttwitz schrieb rückblickend: „Mit einem Schlage war die Situation sehr ernst geworden. Auf die meisten Berliner Truppen und namentlich ihre Führer war kein rechter Verlass mehr. Mit Gewalt war nichts gegen sie zu machen. Es blieb nunmehr nichts übrig, als gestützt auf die Brigade Ehrhardt und, solange sie noch zu mir hielten, auf die anderen Truppen, durch Verhandlungen mit den Parteiführern möglichst viel aus dem Unternehmen herauszuholen und es damit zu liquidieren."

Es erleichterte die weiteren Verhandlungen, an denen sich neben Stresemann jetzt auch einige Mitglieder der Mehrheitsparteien beteiligten, dass Neuwahlen, die Wahl des Reichspräsidenten durch das Volk und eine Regierungsumbildung von den Parteiführern in Berlin, jedoch noch nicht in Stuttgart, bereits akzeptiert waren. Die Zusage der Amnestie, auf die Lüttwitz den allergrößten Wert legte, wurde nach längerer Diskussion in einem zusätzlichen, geheimen Protokoll festgehalten. Auf dieser Basis war Lüttwitz bereit, zurückzutreten. Die in Stuttgart arbeitenden Regierungsmitglieder waren sehr verärgert über die in Berlin erzielte Einigung, und besonders in der SPD fürchtete man die Reaktionen in den sozialistischen Teilen der Arbeiterschaft, sobald diese erführen, dass man auf die Forderungen von General von Lüttwitz eingegangen war.

Nachdem das Unternehmen nun beendet war, musste schnell erreicht werden, dass sich die Reichswehr konsolidierte und das Verhältnis zwischen Truppe und Regierung wieder auf eine vertrauensvolle Basis gestellt wurde. Seeckt, der zum Oberbefehlshaber ernannt wurde und das Vertrauen der Heeresleitung hatte, gelang es, die Disziplin in der Truppe zügig wiederherzustellen. Dabei halfen ungewollt die Linksradikalen, die ihre Aufstände weiterführen wollten, mit dem Ziel, die Macht zu übernehmen. „Unabhängige und Radikale schlagen jetzt erneut zu, in der Hoffnung, den Sturz der durch die allgemeine Verwirrung geschwächten Regierung doch noch herbeiführen zu können. Im Ruhrgebiet, im halleschen Revier, in der Umgebung von Berlin und sonst an vielen Orten kommt es zu schwerem Aufruhr." (Volkmann, S. 386) Selbst die Heeresverbände, die sich während des Aufstandes gegen die legale Regierung gestellt hatten, kämpften nun gemeinsam mit anderen Kommandos der Reichswehr gegen die Rätebewegung, die eine neue Chance gewittert hatte. Alle Erhebungen wurden niedergeschlagen.

Die Urheber und Hauptbeteiligten des März-Unternehmens wurden - obwohl (vorwiegend zur Beschwichtigung der öffentlichen Meinung) steckbrieflich mit einer Belohnung von 10 000 Mark gesucht - um weitere Konflikte zu vermeiden, generell mit Milde oder gar nicht zur Rechenschaft gezogen. Lüttwitz konnte sich, obwohl ein Haftbefehl gegen ihn vorlag, frei bewegen, sogar noch in der Woche nach dem Ende des Putsches in seiner Dienstwohnung in Berlin übernachten. Kapp hielt sich noch eine Zeitlang bei Freunden in Berlin und näherer Umgebung versteckt, wurde dann von der Sicherheitspolizei (Sipo), einem Instrument der Regierung, zunächst (zu seinem Schutz) in Sicherheit gebracht, schließlich von der Sipo „in offener Droschke" zum Flughafen Tempelhof gefahren, von wo er ins Exil nach Schweden aufbrach. Von dort kehrte er 1922 zurück, um Traugott von Jagow zu verteidigen. Dazu kam es jedoch nicht, denn Kapp verstarb an einer Tumorerkrankung. Jagow, Wangenheim und Schiele wurden verhaftet, jedoch nur Jagow zu fünf Jahren Festungshaft verurteilt. Während dieser Zeit – die Haftzeit wurde nach drei Jahren beendet – konnte er immer wieder Beurlaubungen in Anspruch nehmen. Nach der allgemeinen Amnestie erwirkten die Beteiligten, die im Staatsdienst gewesen waren, die Nachzahlung ihrer Pensionen. (Erger, S. 295)

Wertend ist zu sagen, dass Noskes harte Haltung, mit der er sich am 10. März der Kompromisssuche Eberts widersetzte und Lüttwitz bis zum Äußersten provozierte, ein erneutes Aufbegehren von Lüttwitz - jedenfalls wenn man den damaligen, oft noch durch das Duell verteidigten Ehrbegriff berücksichtigt - unvermeidbar machte. Lüttwitz hatte sich gegenüber seiner Truppe festgelegt, deren Auflösung zu verhindern. Die militärische Aktion, der Marsch zum Brandenburger Tor am 13. März, der Generalstreik und die schlimmen Folgen im Reich hätten vermieden werden können, denn das Ergebnis des März-Unternehmens wäre in der Besprechung mit Ebert am 10. März durchaus ebenso zu erzielen gewesen; die Reorganisation der Reichswehr und die damit verbundene Heeresverminderung auf 100 000 Mann war am 31. Dezember 1920 abgeschlossen. Gegen eine solche Einigung hatte das schon länger bestehende Zerwürfnis zwischen Noske und Lüttwitz gestanden. Der Konflikt zwischen Noske und Lüttwitz - beide unfähig zu einem Kompromiss - führte zu dieser für Deutschland äußerst gefährlichen Situation.

Historiker müssten entscheiden, ob das März - Unternehmen als Putsch anzusehen ist, oder ob die Ereignisse des 10. und 13. März zusammenfassend als die *Lüttwitz-Ultimaten* bezeichnet werden sollten. Um eine militärische Aktion einen Putsch nennen zu können, müsste zumindest die Absicht bestanden haben, einen Umsturz, einen Staatsstreich, herbeizuführen. Lüttwitz hatte diese Absicht nicht. Mit seinem Aufstand, seiner limitierten Militäraktion, hoffte er, die drei widerstreitenden Kräfte auflösen zu können, die auf ihn einwirkten: er stand dem Militär gegenüber im Wort, die Truppenreduzierung zu verhindern, er hatte bestimmte Verabredungen mit Kapp getroffen und er selbst, unter dem Einfluss seines Stabes, wollte erneut verhandeln. Sein erster Verhandlungsversuch war gescheitert. Lüttwitz sah die Lösung danach nur in einer militärisch unterstützten Drohgebärde. Der Marsch nach Berlin, mit dem Endpunkt Brandenburger Tor, lief bewusst in aller Öffentlichkeit ab, was die Regierung nutzen musste und nutzte, Berlin zu verlassen. Es gab keinen Befehl, die Regierung festzunehmen. Es gab dagegen den Befehl, keine (bzw. nur als Gegenwehr) Gewalt anzuwenden. Eine „Regierung" einzusetzen, war die natürliche Folge der Aktion und entsprach der Vereinbarung zwischen Lüttwitz und Kapp. Nur war sie, da die legale Regierung nicht abgesetzt war, von vornherein wirkungslos.

Die Frage Putsch oder Ultimatum entscheidet darüber, ob das Militär, das sich 1918 außerstande sah, die Monarchie zu schützen, nicht nur bei allen Erhebungen von Links nach der Novemberrevolution, sondern insgesamt, ohne Ausnahme, eben auch im März 1920, zuverlässig auf der Seite der Regierung stand. Lüttwitz hatte einen Putsch, wie Kapp ihn angestrebt hatte, möglicherweise niemals in Betracht gezogen, jedenfalls einen Weg gefunden, ihn zu vermeiden.

Es muss betont werden, dass es ein Glück zu nennen ist, dass Wolfgang Kapp nicht zum Zuge kam und Lüttwitz sich den Umsturz-Plänen Kapps verweigerte, denn eine rechte Militärdiktatur hätte mit hoher Wahrscheinlichkeit zu einem schrecklichen Bürgerkrieg geführt. Schon Lüttwitz Aktion allein hat in der Folge zahlreiche blutige Aufstände und sehr viele Todesopfer gefordert. Kapps Pläne entstammten einer von der Wirklichkeit der frühen Weimarer Republik und der anbrechenden Zeit der Demokratie in Deutschland sehr entfernten Auffassung von durchsetzbaren Notwendigkeiten und Erfordernissen eines zukunftsgerichteten Handelns.

Alle vom linken politischen Spektrum initiierten Streiks und Aufstände, die ebenfalls ein anderes Regierungssystem wollten, waren gescheitert. Zwischen dem November

1918 und dem Frühjahr 1920 hatten die Aufstände von extrem-linker Seite die extrem-rechten Kräfte immer wieder provoziert, dies gilt in gleicher Weise umgekehrt. Man sah schließlich, eigentlich erst nach dem furchtbaren gesellschaftlichen Experiment des Nationalsozialismus und dem verlorenen zweiten Weltkrieg, die parlamentarische Demokratie als die geeignete Staatsform für die neugegründete Bundesrepublik an. Dies zu erreichen, gelang mit dem Grundgesetz der Deutschen Bundesrepublik.

Lebensdaten beteiligter Personen

Axelrod, Pawel (1850 – 1928), Mitglied der roten Armee, Sozialist, Gegenspieler von Lenin in der Februarrevolution 1917

Baden, Maximilian Prinz von (1867 – 1929), Nachfolger von Graf Hertling, Reichskanzler vom 03. Oktober bis zum 09. November 1918; wollte die Monarchie erhalten und gleichzeitig das parlamentarische Regierungssystem einführen. Ihm folgte am 13. Februar 1919 Friedrich Ebert, darauf Philipp Scheidemann, darauf Gustav Bauer

Bang, Paul (1819 – 1945), 1919 Mitglied der Deutschnationalen Volkspartei (DNVP) und fünf Monate lang Staatssekretär im Wirtschaftsministerium, Stellvertreter Hugenbergs in der Partei; Kapp sah ihn als Finanzminister vor

Bauer, Gustav (1870 – 1944), SPD, Nachfolger von Philipp Scheidemann, vom 21. Juni 1919 bis zum 26. März 1920 Reichskanzler; ihm folgte Hermann Müller (bis zum 8. Juni 1920)

Below, Otto von (1857 – 1944), Preußischer General, sehr erfolgreicher und angesehener Kommandant verschiedener Armeen im Ersten Weltkrieg; trat 1919 in den Ruhestand. Mitglied der Deutschnationalen Volkspartei (DNVP)

Benedikt XV. (1854 – 1922), 1914 zum Papst gewählt, Friedenspapst genannt

Bergmann, Walter von (1864 – 1950), General der Infanterie, nach dem Putsch Oberbefehlshaber des Reichs-Gruppenkommandos

Bernstein, Eduard (1850 – 1932), Sozialdemokrat, zeitweise Mitglied der USPD, bekannte sich zur deutschen Kriegsschuld

Bethmann Hollweg, Theobald von (1856 – 1921), Reichskanzler von 1909 bis 1917; bemühte sich um Ausgleich linker und rechter Kräfte im Parlament während des Krieges; als er sich um einen „Verständigungsfrieden" bemühte, wurde er auf Betreiben von Hindenburg und Ludendorff entlassen, sein Nachfolger war Georg Michaelis

Canaris, Wilhelm Franz (1887 – 1945), im Ersten Weltkrieg U-Boot Kommandant, in der Weimarer Republik Zusammenarbeit mit Freikorps in der Bekämpfung des Spartakus; im Zweiten Weltkrieg Chef des Nachrichtendienstes, war zwischen 1938 und 1940 an Umsturzplänen gegen Hitler beteiligt; nach dem 20. Juli 1944 wurde sein Tagebuch gefunden, aus dem Beziehungen zum Widerstand bekannt wurden. Canaris wurde verurteilt und am 9. April 1945 gehängt

Dewitz, Johann-Georg, von (1878 – 1958), preußischer Offizier und Politiker; 1919 gründete er den Pommerschen Landbund, von 1924 bis 1929 war er für die Deutschnationale Volkspartei (DNVP) Abgeordneter im Reichstag

Düringer, Adalbert (1855 – 1924), ab 1915 Präsident des Oberlandesgerichts in Karlsruhe, ab 1918 Mitglied der Deutschnationalen Volkspartei (DNVP), ab 1922 Mitglied in Stresemanns Deutscher Volkspartei (DVP) und für diese Abgeordneter im Reichstag

Ebert, Friedrich (1871 – 1925), seit 1913 Vorsitzender der Sozialdemokratischen Partei Deutschlands, Nachfolger von Max von Baden als Regierungschef vom 10. November 1918 bis zum 11. Februar 1919, als ihm Philipp Scheidemann folgte; danach bis zu seinem Tod Reichspräsident

Eglhofer, Rudolf (1896 – 1919), Anführer der Roten Armee in der Münchner Räterepublik, Mitglied der Kommunistischen Partei Deutschlands

Ehrhardt, Hermann (1881 – 1971), Führer des Freikorps Marinebrigade-Ehrhardt; nach der Auflösung der Marinebrigade 1922 gründete er die Geheimorganisation Consul, mit der er weiterhin versuchte, eine Militärdiktatur zu errichten und gegen den Friedensvertrag vorzugehen

Eichhorn, Emil (1863 – 1925), 1919, für kurze Zeit Polizei-präsident in Berlin, als Mitglied des linken USPD-Flügels wurde er Abgeordneter im Reichstag

Eisenhart-Rothe, Ernst von (1862 – 1947), General der Infanterie, 1920 zum Generalleutnant befördert

Eisner, Kurt (1867 – 1919), Schriftsteller, führte die Novemberrevolution in Bayern an, vom 8. November 1918 bis zu seiner Ermordung am 21. Februar 1919 Ministerpräsident des Freistaats Bayern

Erzberger, Matthias (1875 – 1921), unterzeichnete am 11. November 1918 das Waffenstillstandsabkommen, ab Juni 1919 war er Reichsfinanzminister bis zum Ende der Regierung Bauer am 27. März 1920. Am 28. März 1920 wurde ein Attentatsversuch auf ihn verübt, am 16. August 1921 wurde er während eines Spaziergangs im Schwarzwald ermordet.

Falkenhausen, Friedrich Frhr. von (1869 – 1946), 1914 Regierungspräsident im Bezirk Potsdam, danach Unterstaatssekretär im preußischen Landwirtschaftsministerium, 1918 verabschiedet. Wolfgang Kapp hatte ihn als Chef der Reichskanzlei vorgesehen. Im Ruhestand betätigte er sich als Schriftsteller und übersetzte die Göttliche Komödie

Feldmann, Hans von (1868 – 1940), Frontoffizier und Kommandeur einer Infanterie-Brigade, 1919 Übernahme der Leitung des Feldzeugmeisteramtes, von 1920 Chef der Heeresverwaltung und gleichzeitig Staatssekretär im Reichswehrministerium, ging 1922 als Generalleutnant in den Ruhestand

Gandorfer, Ludwig (1880 – 1918), Mitglied der SPD, ab 1917 der USPD, arbeitete mit Eisner zusammen, verstarb bei einem Verkehrsunfall

Garnich, Hugo (1874 – 1926), Mitbegründer (gemeinsam mit Stresemann und andern) der Deutschen Volkspartei (DVP)

Groener, Wilhelm (1867 – 1939), nach Ludendorffs Entlassung Chef der Obersten Heeresleitung; gab Ebert die Zusage, dass das Heer die Politik unterstützen würde; leitete bis zu seinem Ruhestand 1932 verschiedene Ministerien

Hammerstein, Curt von (1878 – 1943), 1917 zum Major befördert, weigerte sich, die Aktion seines Schwiegervaters Lüttwitz 1920 zu unterstützen, 1930 General der Infanterie, nahm 1934 seinen Abschied und wurde zum Generaloberst befördert

Hassell, Ulrich von (1881 – 1944), Mitglied der Deutschnationalen Volkspartei (DNVP), Kapp hatte ihn als Außenminister einsetzen wollen; mehrere Stationen als Botschafter, Mitglied der NSDAP; beteiligte sich nur bis 1943 an den Plänen eines Putschs gegen Hitler, wurde dennoch im Zusammenhang mit dem 20. Juli in Plötzensee hingerichtet

Heinze, Rudolf (1865 – 1928), 1918 Justizminister in Sachsen, Mitbegründer der Deutschen Volkspartei, Fraktionsvorsitzender und Stresemanns Stellvertreter

Hergt, Oskar (1869 – 1967), Mitbegründer und erster Vorsitzender der Deutschnationalen Volkspartei (DNVP), lehnte den Umsturzversuch im März 1920 ab; von 1920 bis 1933 Mitglied des Reichstags

Hertling, Georg Friedrich, Graf von (1843 – 1919), vom 1. November 1917 bis 30. September 1918 Reichskanzler als Nachfolger von Georg Michaelis und Vorgänger von Prinz Max von Baden

Hindenburg, Paul von (1847 – 1934), Generalfeldmarschall, 1925 Reichspräsident als Nachfolger von Ebert; 1932 wiedergewählt, ernannte er am 30. Januar 1933 Hitler zum Reichskanzler

Hoffmann, Johannes (1867 – 1930), ab 1917 Mitglied des Reichstags, Ende 1918 bis März 1919 Kultusminister in Bayern in der Regierung Eisner, nach dessen Ermordung Ministerpräsident und Außenminister in Bayern; während der Räteregierung verlegte er die Residenz nach Bamberg, Rücktritt im März 1920

Hofmann, Heinrich von (1863 – 1921), Generalleutnant, Kommandant des Freikorps Garde-Kavallerie-Schützen-korps

Hülsen, Bernhard von (1865 – 1950), gründete das Frei-korps Hülsen im Kampf gegen den Spartakusbund

Hugenberg, Alfred (1865 – 1951), bis 1918 Finanzchef der Kruppwerke, Mitbegründer der Deutschnationalen Volks-partei (DNVP), Chef des Hugenberg Medienkonzerns, mit dem er massiv Hitler und die NSDAP unterstützte

Jagow, Traugott von (1865 – 1941), 1909 bis 1916 Polizei-präsident in Berlin, 1916 bis 1918 Regierungspräsident des Bezirks Breslau, danach ab 1919 Direktor des Pom-merschen Landbundes. Jagow, den Kapp zum Innenminis-ter ernannt hatte, stellte sich als einziger der am März-Un-ternehmen Beteiligten der Justiz, wurde verurteilt, jedoch nach drei Jahren aus der Haft entlassen

Kahr, Gustav von (1862 – 1943), 1920 und 1921 bayerischer Ministerpräsident; noch in der Nacht vom Hitlerputsch am 8. November 1923 ließ er als Generalstaatskommissar, zu dem er im September des Jahres ernannt worden war, die NSDAP und das Freikorps Oberland verbieten. Vom Oktober 1924 bis zum 31. Dezember 1930 war er Präsident des Bayerischen Verwaltungsgerichtshofs

Kapp, Wolfgang (1858 – 1922), wurde in New York als Sohn des an der Revolution 1848 beteiligten Friedrich Kapp geboren, war zunächst Beamter und Oberministerialrat im Landwirtschaftsministerium; 1907 wurde er Generaldirektor der Landschaftsbank in Ostpreußen und gründete eine öffentlich-rechtliche Lebensversicherung als Teil von mehreren Maßnahmen zur Entschuldung der Landwirtschaft. Er kehrte 1922 aus Schweden zurück, um Jagow zu verteidigen, starb aber in einer Leipziger Klinik nach der Operation seines Augentumors

Karl I. (1887 – 1922), von 1916 bis 1918 letzter Kaiser von Österreich, König von Böhmen, Ungarn und Kroatien. Zog sich im November 1918 auf sein Schloss Eckartsau, nahe Wien zurück, wo er, um nicht das Schicksal des Zaren zu erleiden, von englischem Militär beschützt wurde. Ging im März 1919 über die Schweiz nach Madeira ins Exil, wo er an einer Lungenentzündung verstarb

Kautsky, Karl (1854 – 1938), erarbeitete gemeinsam mit August Bebel und Eduard Bernstein das *Erfurter Programm* der SPD, war ein wichtiger Theoretiker der Sozialdemokratie, Mitbegründer der Unabhängigen Sozialdemokratischen Partei Deutschlands (USPD), kehrte jedoch später in Mehrheitssozialdemokratische Partei (MSPD) zurück. Er vertrat die These der deutschen Kriegsschuld

Koch-Weser, Erich (1875 – 1944), als Mitglied der Deutschen Demokratischen Partei (DDP) war er Abgeordneter im Reichstag und hatte verschiedene Ministerposten inne. 1930 verließ er die Politik, 1933 emigrierte er nach Brasilien

Liebknecht, Karl (1871 – 1919), zunächst Mitglied der SPD, rief am 9. November 1918 die Sozialistische Republik Deutschland aus; gründete mit Rosa Luxemburg und anderen den Spartakusbund und war Mitbegründer der Kommunistischen Partei (KPD). Er wurde am 15. Januar 1919 ermordet

Loßberg, Friedrich von (1868 – 1942), General der Infanterie, nahm seinen Abschied 1927

Ludendorff, Erich (1865 – 1937), war im Hintergrund an dem März-Unternehmen 1920 und aktiv am Hitler-Putsch 1923 beteiligt; von 1924 bis 1928 Abgeordneter im Reichstag für die Deutschvölkische Freiheitspartei (DVFP), die nach dem vorrübergehenden Verbot der NSDAP deren Gedankengut verbreitete. Als Vertreter der DVFP trat er 1925 zur Wahl des Reichspräsidenten an, Hitler aber ließ seine Anhänger für Hindenburg stimmen

Lüttwitz, Walther Frhr. von (1859 – 1942), Generalleutnant, Kommandierender General und Divisionskommandeur; entschiedener Gegner bestimmter Forderungen des Versailler Vertrages, welche die Personalstärke des Heeres betrafen

Luxemburg, Rosa (1871 – 1919), Mitbegründerin des Spartakusbundes, forderte die Räterepublik und wollte das Militär entmachten; wurde am 15. Januar 1919 ermordet

Maercker, Georg (1865 – 1924), im Ersten Weltkrieg Generalmajor und Divisionskommandeur. Noske und Ebert forderten ihn nach Kriegsende auf, ein Freikorps zu gründen, mit dem er an zahlreichen Einsatzorten eingreifen musste. Nach seiner Entlassung im April 1920 war er bis zu seinem Tod Präsident des Deutschen Kolonialkriegerbunds

Michaelis, Georg (1857 – 1936), vom 14. Juli bis zum 1. November 1917 als Nachfolger von Bethmann Hollweg Reichskanzler und preußischer Ministerpräsident; ihm folgte Graf Hertling. Michaelis war darauf ein Jahr lang

Oberpräsident der Provinz Pommern, ging dann in den Ruhestand

Noske, Gustav (1868 – 1946), ab Juni 1919 Oberbefehlshaber der Reichswehr und gleichzeitig Reichswehrminister; wurde nach dem März-Unternehmen zum Rücktritt als Reichswehrminister aufgefordert, erhielt den Posten des Oberpräsidenten der Provinz Hannover, aus dem ihn Göring 1933 entließ. Noske war über Widerstandspläne gegen Hitler informiert, wurde nach dem Attentat verhaftet, jedoch im April 1945 aus dem Gefängnis entlassen.

Oeser, Rudolf (1858 – 1926), von 1892 bis 1917 Redakteur der *Frankfurter Zeitung*, nach dem Ersten Weltkrieg Minister des Eisenbahnwesens; Mitglied der Deutschen Demokratischen Partei (DDP); von 1907 bis 1912 Abgeordneter im Reichstag, von 1919 bis 1924 im Preußischen Landtag, ab 1924 bis zu seinem Tod Generaldirektor der Deutschen Reichsbahn-Gesellschaft

Oldershausen, Martin Frhr. von (1865 – 1924), Generalleutnant, sprach sich Lüttwitz gegenüber wiederholt gegen jede Form von Drohung gegen die Regierung aus

Oven, Burghard von (1861 – 1935), nahm im Mai 1920 seinen Abschied als General der Infanterie

Pabst, Waldemar (1880 – 1970), leitete das Freikorps Garde-Kavallerie-Schützen-Division, die den Spartakus Aufstand niederschlug und für die Ermordung von Rosa Luxemburg und Karl Liebknecht verantwortlich gemacht wird. Nach der Unterschrift unter den Friedensvertrag plante er einen Putsch gegen die Regierung, wurde jedoch von Lüttwitz gestoppt. Die *Nationale Vereinigung* ernannte Pabst zum Geschäftsführer. Nach dem Ende des März-Unternehmens 1920 ging Pabst nach Österreich

Rauscher, Ulrich (1884 – 1930), Mitglied der SPD, 1918 Referent bei Scheidemann, ab 1919 Pressechef der Reichsregierung, ab Mitte 1920 Gesandter in Georgien, danach in Polen

Reinhardt, Walther (1872 – 1930), ab Juni 1919 Chef der Heeresleitung und des Truppenamtes im Reichswehrministerium und damit Vorgesetzter von Hans von Seeckt; Reinhardt stand loyal zur Regierung, Seeckt sah sie kritisch. Während des März-Unternehmens war er für das Einsetzen von Gewalt, Seeckt dagegen. Von Mitte 1920 bis 1924 war er Generalleutnant in Stuttgart, danach bis 1927 General der Infanterie in Kassel

Scheidemann, Philipp (1865 – 1939), als Nachfolger von Friedrich Ebert Reichsministerpräsident (=Kanzler) vom 13. Februar 1919 bis zum 20. Juni 1919, ihm folgte Gustav Bauer; Scheidemann blieb bis 1933 Abgeordneter im

Reichstag, ging dann nach Österreich und andere Länder, ab 1935 nach Dänemark ins Exil

Schiele, Georg Wilhelm (1868 – 1932), während des Ersten Weltkriegs Feldlazarett-Chirurg, nach Kriegsende politisch und schriftstellerisch tätig, Mitglied der Vaterlandspartei, der *Nationalen Vereinigung* und danach der Deutschnationalen Volkspartei (DNVP); Kapp sah ihn als Wirtschaftsminister vor. Schiele wurde im Prozess gegen die Beteiligten am März-Unternehmen freigesprochen

Schiele, Martin (1870 – 1939), Mitglied der Deutschnationalen Volkspartei, nach dem März-Unternehmen freigesprochen, später Reichsinnenminister und Reichsernährungsminister

Schiffer, Eugen (1860 – 1954), Karriere als Jurist in der Richterlaufbahn, von 1912 bis 1917 Abgeordneter im Reichstag für die Nationalliberale Partei, Gründungsmitglied der Deutschen Demokratischen Partei (DDP). 1919 Leitung des Finanzministeriums, danach Chef des Justizministeriums. Schiffer blieb nach dem Zweiten Weltkrieg in der DDR, wurde Präsident der Deutschen Zentralverwaltung der Justiz, von 1949 bis 1950 Vorsitzender des Verfassungsausschusses; 1950 Wechsel in die Bundesrepublik, Mitglied der FDP

Seeckt, Hans von (1866 – 1936), Generaloberst, übernahm im Juni 1919 die Führung des Generalstabs; von 1930 bis 1932 Abgeordneter des Reichstags; nach dem März-Unternehmen wurde er als Nachfolger Walther Reinhardts Oberbefehlshaber und Chef der Heeresleitung

Stresemann, Gustav (1879 – 1929), November 1918 Mitbegründer der Deutschen Volkspartei (DVP), 1923 Reichskanzler, danach bis zu seinem Tod Außenminister. Auf allen Gebieten erreichte er durch Verhandlungen mit den Alliierten eine Entspannung und Befriedung zwischen den Ländern und eine Verbesserung der Lebensbedingungen in Deutschland: Beendigung des Ruhrkampfs, Währungsreform, mit einem großen Kredit konnte die Wirtschaft belebt werden, die Grenzen zwischen Deutschland, Frankreich und Belgien wurden festgelegt, Frankreich zog sich aus dem Rheinland zurück, Gewaltverzicht, Freundschaftsvertrag mit Russland

Südekum, Albert (1871 – 1944), 1918 bis 1920 preußischer Finanzminister, danach Wechsel in die Wirtschaft und betraut mit Aufsichtsratsmandaten; auch Vorstand vom *Verein zur Abwehr des Antisemitismus*, 1933 entlassen

Tirpitz, Alfred von (1849 – 1930), Großadmiral, Begründer der Deutschen Hochseeflotte, die zum Wettrüsten mit

England führte. Mitbegründer der Deutschen Vaterlands-partei (DVLP) und der Deutschnationalen Volkspartei (DNVP)

Traub, Gottfried (1869 – 1956), Theologe und Pfarrer, ab 1913 als Mitglied der Fortschrittlichen Volkspartei (FVP) Abgeordneter im Preußischen Landtag. Nicht einverstanden mit der Unterstützung des Verständigungsfriedens durch seine Partei, wurde er Mitbegründer der Deutschnationalen Volkspartei (DNVP). Kapp sah ihn als Kultusminister. Im Dritten Reich war Traub Gegner der Nationalsozialisten

Trotha, Adolf von (1868 - 1940), Vizeadmiral, Chef der Reichsmarine, sollte schon Anfang März 1920 die Marinebrigade Ehrhardt übernehmen, Noske übertrug ihm das Kommando; griff nicht gegen das März-Unternehmen ein, wurde deswegen Ende 1920 entlassen, jedoch nicht verurteilt

Wangenheim, Conrad, Frhr. von (1849 – 1926), seit 1898 für die Deutschkonservative Partei Abgeordneter im Reichstag und im Preußischen Landtag. Mitbegründer des Bundes der Landwirte (BdL), dessen Vorsitzender er später wurde und bis 1920 blieb. Mitbegründer der Deutschen Vaterlandspartei und der Deutschnationalen Volkspartei. Kapp sah ihn als Landwirtschaftsminister vor

Westarp, Kuno Graf von (1864 – 1945), von 1900 bis 1904 Landrat im Kreis Randow; von 1904 bis 1908 Polizeipräsident in Schöneberg und Wilmersdorf in Berlin, danach bis 1920 Oberverwaltungsgerichtsrat. Mitbegründer der Deutschnationalen Volkspartei (DNVP), 1926 bis 1928 deren Vorsitzender; trat 1930 aus der Partei aus und wurde Mitbegründer der Konservativen Volkspartei (KVP), für diese bis 1932 im Reichstag. Ab 1919 bis 1932 Aufsichtsrat der Kreuzzeitung, für die er häufig Artikel verfasste

Die Angaben zu den Lebensdaten wurden aus den entsprechenden Daten bei Wikipedia zusammengestellt

Dank an

Anke, Christian, Christine, Christoph, Conrad, Dieter, Ernst-Heinrich, Friedrich, Gabriele, Hans-Erich, Henning, Hubertus, Jürgen, Karl Johann, Monika, Moritz, Philipp, Sigrid

Literatur

Akten zur Deutschen Auswärtigen Politik 1918 – 1945, Dokument 60, Akten der   Abt. 1 A, Deutschland 163, Bd. 14

Aschmann, Birgit: Erst siegen. Frankfurter Allgemeine Zeitung (FAZ), 31. Juli 2017

Aquin, Thomas von (Joseph Bernhart, Hrsg.) Summe der Theologie. Alfred Kröner Verlag, Stuttgart 1954

Baden, Maximilian Prinz von: Erinnerungen und Dokumente. Deutsche Verlags-Anstalt, Stuttgart Berlin und Leipzig 1927

Benedikt XV.: „Mahnung" Schreiben des Papstes vom 1. August 1917 an die Oberhäupter der kriegführenden Nationen. Zitiert aus Birgt Aschmann, FAZ, 31. Juli 2017

Bernstein, Eduard: Die deutsche Revolution von 1918/19 Geschichte der Entstehung und der ersten Arbeitsperiode der deutschen Republik. H. A. Winkler Hrsg., Verlag J. H. W. Dietz Nchf.., Bonn 1998

Brammer, Karl: Fünf Tage Militärdiktatur. Verlag für Politik und Wirtschaft, Berlin 1920

Cavallie, James: Ludendorff und Kapp in Schweden. Peter Lang, Frankfurt 1995

Erger, Johannes: Der Kapp-Lüttwitz-Putsch Droste Verlag, Düsseldorf 1967

Fraenkel, Ernst: Deutschland und die westlichen Demokratien. Kohlhammer Verlag, Stuttgart 1964

Freksa, Friedrich (Hrsg.): Kapitän Ehrhardt, Abenteuer und Schicksale. August Scherl, Berlin 1924

Gall, Joseph: Bismarck Der Weiße Revolutionär. Ullstein Verlag, Frankfurt/M., Berlin, Wien, Propyläen 1980

Gordon, Harold J.: Die Reichswehr und die Weimarer Republik 1919 – 1926, Verlag für Wehrwesen Bernard & Gräfe, Frankfurt/Main 1959

Groener, Wilhelm: Lebenserinnerungen. Vandenhoeck & Ruprecht, Göttingen 1957

Hering, Rainer: Konstruierte Nation. Der Alldeutsche Verband 1890 bis 1939, Hans Christians Verlag, Hamburg 2003

Hoffrogge, Ralf: Sozialismus und Arbeiterbewegung in Deutschland. Schmetterling Verlag, Stuttgart 2011

Jansen, Robert: Der Berliner Militärputsch und seine politischen Folgen. Ernst Litfass Erben, Berlin 1920

Kapp, Wolfgang: Die Maidenkschrift aus dem Jahre 1916. Verlag des Heimatboten, Gera 1918

Kapp, Wolfgang: Verteidigungsschrift. Nachlass Kapp (Privatbesitz)

Kapp, Wolfgang: Nachlass Dokumente. Geheimes Staatsarchiv, Preußischer Kulturbesitz

Kautsky, Karl: Parlamentarismus und Demokratie. J.H.W. Dietz Nchf., Stuttgart 1911

Kern, Fritz: Das Kappsche Abenteuer. K. F. Koehler Verlag, Leipzig und Berlin 1920

Könnemann, Erwin und Schulze, Gerhard: Der Kapp-Lütt-witz-Ludendorff-Putsch. Olzog Verlag, München 2002

Lemke, Matthias: Republikanischer Sozialismus. Campus, Frankfurt/M. 2008

Lüttwitz, Walther von: Im Kampf gegen die Novemberre-volution. Verlag Otto Schlegel, Berlin 1934

Mann, Thomas: Betrachtungen eines Unpolitischen. Aus: ders., Gesammelte Werke in dreizehn Bänden. Band XII. Reden und Aufsätze 4. © S. Fischer Verlag GmbH, Frank-furt am Main 1960, 1974 Mit freundlicher Genehmigung des Verlags

Marx, Karl und Friedrich Engels: Das kommunistische Ma-nifest. Neckar-Verlag, Schwenningen 1947

Müller, Richard: Vom Kaiserreich zur Republik. Bd. 2 Die Novemberrevolution. Malik, Berlin 1924

Noske, Gustav: Erlebtes aus Aufstieg und Niedergang ei-ner Demokratie. Bollwerk-Verlag, Offenbach/M. 1947

Noske, Gustav: Von Kiel bis Kapp, Zur Geschichte der deut-schen Revolution. Verlag für Politik und Wirtschaft, Berlin 1920

Protokolle des Preußischen Staatsministeriums Band 11,
14. 11. 18 bis 31. 03. 25

Radczun, Evelyn und Radczun, Günter: Wirklichkeitsbe-
wältigung in den Briefen Rosa Luxemburgs aus dem Gefängnis 1915 – 1918. Zeitschrift für Geschichtswissen-
schaft 1979: 27, 99 – 110

Scheidemann, Philipp: Der Zusammenbruch. Verlag für
Sozialwissenschaft, Berlin 1921

Schüddekopf, Otto – Ernst, Das Heer und die Republik.
Norddeutsche Verlagsanstalt O. Goebel, Hannover und
Frankfurt/M. 1955

Sontheimer Kurt: Thomas Mann und die Deutschen. Fischer Bücherei, Frankfurt/M. 1965 *Mit freundlicher Genehmigung der Herbig Verlagsbuchhandlung, Stuttgart
©1961 by Nymphenburger in der F.A. Herbig Verlagsbuchhandlung GmbH*

Stegmann, Dirk: Die Erben Bismarcks. Kiepenheuer &
Witsch, Köln Berlin 1970

Ströbel, Heinrich: Die Deutsche Revolution Ihr Unglück
und ihre Rettung. „Der Firn" Verlag für praktische Politik
und geistige Erneuerung, Berlin 1920

Troeltsch, Ernst: Spektator Briefe, Aufsätze über die deutsche Revolution und die Weltpolitik 1918/22. H. Baron, Hrsg. Verlag J.E.B. Mohr, Tübingen 1924

Volkmann, Erich Otto: Revolution über Deutschland. Gerhard Stalling, Oldenburg 1930

Westarp, Kuno Graf von: Westarp-Manuskript, zitiert aus J. Erger, S. 354

Winkler, Heinrich August: Von der Revolution zur Stabilisierung, Arbeiter und Arbeiterbewegung in der Weimarer Republik 1918 bis 1924. J.H.W. Dietz, Bonn 1984

Winkler, Heinrich August: Weimar 1918-1933. München 2005

Winkler, Heinrich August: Geschichte des Westens Von den Anfängen in der Antike bis zum 20. Jahrhundert. München 2010

Dr. med. Joachim-Friedrich Kapp wurde 1942 in Neubranbenburg geboren, wuchs in Essen auf und lebt seit 1975 in Berlin. Er ist verheiratet und hat drei Söhne. Der nach seinem Urgroßvater benannte Putsch jährt sich im März 2020 zum einhundertsten Mal. Nach der genauen Analyse der Veröffentlichungen und Dokumente über die damalige Zeit kommt der Autor zu neuen Erkenntnissen, die er in diesem Buch veröffentlicht.

Zeitfracht Medien GmbH
Ferdinand-Jühlke-Straße 7
99095 Erfurt, Deutschland
produktsicherheit@kolibri360.de